© Photo de couverture : Sandrine Krikorian
Reconstitution d'une table XVIIIème siècle
© Sandrine Krikorian, 2024
Édition : BoD – Books on Demand, info@bod.fr
Impression : BoD – Books on Demand, In de Tarpen 42, Norderstedt (Allemagne)
Impression à la demande
ISBN : 978-2-3225-2474-7
Dépôt légal : juillet 2024

Sandrine Krikorian

Iconographie gastronomique, arts et usages de table en France aux XVIIème et XVIIIème siècles

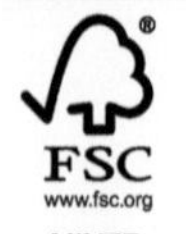

PRÉSENTATION GÉNÉRALE

Cet ouvrage est une compilation de textes concernant plus spécifiquement les objets et accessoires de l'histoire de l'art culinaire et gastronomique en France aux XVIIème et XVIIIème siècles. Il s'inscrit à la suite de mes publications sur le sujet - dont l'intégralité est indiquée à la fin du livre : colloques, articles dans des revues à comité de lecture et ouvrages. Concernant ces derniers, trois sont importants ici et sont le fruit d'un travail d'analyse interdisciplinaire.

Publié en 2011, *Les Rois à table. Iconographie, gastronomie et pratiques des repas officiels de Louis XIII à Louis XVI* présente un panorama des repas officiels de la cour de France dans leurs différents aspects (domesticité, alimentation et boissons, étiquette, civilité, déroulement des repas, distanciation des convives, service à la française, apparat, décoration de table) et selon leur typologie (repas de sacre, mariages, fêtes, repas quotidiens au grand couvert ou au petit couvert.)[1].

---

[1] Sandrine Krikorian, *Les Rois à table. Iconographie, gastronomie et pratiques des repas officiels de Louis XIII à Louis XVI*, Aix-en-Provence, Presses Universitaires de Provence, collection Le Temps de l'Histoire, 2011.

À la table des élites. Les repas privés en France de la Régence à la Révolution est paru en 2013[2]. Il est axé sur les repas non officiels, ceux où le souverain trie ses commensaux sur le volet et auxquels le public ne peut assister. La typologie des repas et des moments récréatifs dédiés à la consommation de mets et/ou de boissons y est présentée. Les effets de miroir et mises en abymes reflétant les pratiques alimentaires, les goûts et les mentalités de l'époque y sont analysés (sociabilité, intimité, libertinage, goût pour la chasse, pour l'exotisme.

L'ouvrage intitulé, *Les Menus de Choisy* est paru en 2021 et présente une étude approfondie des repas privés que Louis XV prenait au château de Choisy (sujet que j'avais d'ailleurs déjà abordé dans mon livre *À la table des élites* afin d'en faire une présentation globale)[3]. Prototypes des menus qui vont fleurir sur les tables depuis lors, sont analysés leur forme, leur décoration, l'organisation des repas et l'ordonnancement à table, les mets consommés, la table mouvante du château. L'ouvrage se termine par l'étude plus développée de l'un de ces menus, de par son caractère exceptionnel, celui du repas donné pour la future Dauphine (8 février 1747).

Le présent ouvrage intitulé *Iconographie gastronomique, arts et usages de table en France aux XVIIème*

---

[2] Sandrine Krikorian, *À la table des élites. Les repas privés en France de la Régence à la Révolution*, Aix-en-Provence, Presses Universitaires de Provence, collection Le Temps de l'Histoire, 2013.

[3] Sandrine Krikorian, *Les Menus de Choisy*, Paris, BoD, Norderstedt, 2021.

et XVIII^(ème) siècles a pour but de compléter ces travaux en s'intéressant plus spécifiquement sur l'aspect purement artistique des œuvres (iconographie et objets)[4]. En ce sens, il est davantage axé sur l'histoire de l'art que sur les autres disciplines des sciences humaines et sociales.

Bien que publié cette année seulement, le projet d'édition est ancien, comme c'est souvent le cas lorsque l'on fait de la recherche ; une dizaine d'années se sont donc écoulées depuis que l'idée a vu le jour.

Je tiens avant tout à préciser que pour des raisons financières, dues à des prix exorbitants, il est totalement inenvisageable de reproduire les œuvres présentées dans cet ouvrage. C'est d'ailleurs la principale raison qui en a retardé la publication. Néanmoins, à l'heure actuelle, de nombreuses œuvres sont visibles sur internet (sites officiels des musées, Gallica, Utpictura18, etc.) et dans les livres cités dans la bibliographie ; on peut donc retrouver la plupart d'entre elles, ce qui permet aisément de pallier cette lacune[5].

De plus, cet ouvrage étant constitué d'un mélange de plusieurs textes dont certains éléments se retrouvent dans les différentes études, il pourra donc y avoir des répétitions que j'ai volontairement faites afin que chaque texte puisse être lu indépendamment des autres.

---

[4] Deux textes ont été publiés partiellement sur un format numérique, les autres sont inédits.

[5] Les références bibliographiques sont celles consultées au moment de l'écriture des textes.

Les supports illustrant les objets de table sont variés et nombreux : traités culinaires, livres sur les métiers, recueils de gravures, gravures ou dessins isolés, peintures représentants des repas ou des natures mortes... Quant aux accessoires évoqués, ce sont des objets d'orfèvrerie ou en métal de façon plus générale (surtout au XVIIème siècle) mais aussi en céramique (faïence et porcelaine) en verre et en cristal. Ainsi, dresser une typologie exhaustive et complète de la vaisselle de table n'est pas envisageable mais on peut en étudier la variété et l'évolution dans l'iconographie.

Le premier texte « Les accessoires de table dans l'iconographie de Louis XIII à Louis XVI » montre une évolution générale de l'iconographie des différents objets de tables sur deux siècles (typologie, vaisselle d'apparat, nouveauté des accessoires, etc.) en mettant en avant l'évolution stylistique des objets visibles dans les œuvres.

Le deuxième chapitre « Les accessoires de table dans les traités français des XVIIème et XVIIIème siècles » est un effet de loupe sur l'étude des accessoires à travers un medium particulier : la gravure dans les livres professionnels.

« Le thé et le café dans l'art français aux XVIIème et XVIIIème siècles » est une évolution chronologique de la consommation de ces boissons exotiques selon les rois qui se sont succédé sur le trône de France : Louis XIV, Louis XV et Louis XVI.

L'étude intitulée « Les accessoires de table au XVIIème siècle : objets et iconographie » est réalisée sur le même principe que le premier chapitre cet ouvrage en présentant une typologie des objets de table figurés dans les œuvres du Grand Siècle. Cependant, l'analyse y est plus approfondie, car les accessoires représentés dans l'iconographie sont confrontés aux sources contemporaines et donnent donc une idée plus précise.

Enfin, le chapitre intitulé « L'iconographie des arts de la table dans la porcelaine de Sèvres au XVIIIème siècle » répertorie les objets en porcelaine et leur utilisation en lien avec la table (biscuits, vases peints, tableaux de porcelaine) afin de dresser la typologie de ces figurations et leur rapport avec les objets eux-mêmes.

LES ACCESSOIRES DE TABLE DANS L'ICONOGRAPHIE DE LOUIS XIII À LOUIS XVI

L'iconographie regorge d'illustrations d'accessoires de table : peintures d'histoire (sujets mythologiques, religieux et historiques), scènes de genres ou natures mortes.

Le but de ce chapitre étant de faire ressortir le caractère récurrent ou rare des accessoires ainsi que leur forme, etc., l'accent est mis sur leur aspect purement esthétique.

Ces objets sont présentés ici dans leur ensemble, sans faire de distinction précise selon les genres. En effet, un projet dessiné par exemple ne peut normalement pas être analysé de la même façon ni sur le même registre qu'une peinture destinée à orner une pièce ou qu'une gravure servant à illustrer un livre. La confrontation avec les autres sources permettant de reconstituer les usages de table est également volontairement réduite.

Il convient donc de garder précieusement en tête ces deux éléments qui, à dessein, ne sont pas pris en compte dans ce premier chapitre souhaitant proposer un panorama, une entrée en matière. Il propose un état des lieux iconographique et stylistique afin de pouvoir retracer l'évolution de la figuration des principaux accessoires de table dans l'art de l'Ancien Régime.

Ces deux aspects, à la fois stylistique et historique, que j'ai d'ailleurs déjà eu l'occasion d'étudier et de publier dans mes ouvrages précédents (voir bibliographie), seront ici développés et approfondis dans les chapitres suivants.

Vaisselle d'apparat et de table sous le règne de Louis XIII

Le début du XVIIème siècle est surtout marqué par une abondance de natures mortes figurant des objets d'orfèvrerie (thème qui se développera sous Louis XIV). Certes, des objets en céramique (assiettes, bols, coupes, jattes) sont illustrés, mais ils le sont uniquement remplis de fruits et généralement dans ce genre.

Lubin Baugin, François Garnier, Louise Moillon ou encore Sébastien Stoskopff (peintre de nature morte extrêmement prolifique) en sont les principaux représentants.

Ce dernier a peint plusieurs natures mortes mettant en valeur uniquement des objets d'orfèvrerie et les montre de la même façon qu'il représente ses coupes de fruits.

Comparons sa *Jatte de fraises*[6] de 1620 environ et sa *Corbeille de verres*[7] de 1644, conservée à Strasbourg.

La première œuvre présente un cadrage serré sur le plat de fraises posé sur un entablement en bois et qui se détache d'un fond sombre. La jatte en céramique décorée occupe la totalité de la composition.

La même remarque peut être faite pour la seconde œuvre, dont le cadrage est un peu plus large, bien que toujours centré sur les objets. Reposant sur un entablement en bois, une corbeille en osier ajourée est remplie de verres transparents vénitiens et de römers, le tout présenté avec un certain ordre[8]. Cette corbeille, mise en valeur par un éclairage venant de la gauche, se détache sur un fond sombre. Un objet en or, posé à droite, et des morceaux d'un verre brisé, à gauche et devant la corbeille, équilibrent la composition.

Le même principe est repris par l'artiste dans une autre de ses œuvres peinte la même année, également intitulée *Corbeille de verres*[9].

Sur un entablement en bois, une corbeille ajourée, remplie de verres à pied transparents et de hanaps en or, se détache sur un fond sombre ; le tout est agencé

---

[6] Sébastien Stoskopff, *Jatte de fraises*, vers 1620, huile sur toile, 21x36 cm, Strasbourg, musée de l'Œuvre Notre-Dame.

[7] Sébastien Stoskopff, *Corbeille de verres*, 1644, huile sur toile, 52x63 cm, Strasbourg, musée de l'Œuvre Notre-Dame.

[8] Le römer est un verre à vin du Rhin.

[9] Sébastien Stoskopff, *Corbeille de verres*, 1644, huile sur toile, 49x60,3 cm, Canada, collection particulière.

avec ordre[10]. Un verre, un gobelet d'orfèvrerie et un morceau de verre brisé sont disposés à coté de la corbeille. Le hanap et le gobelet avaient déjà été mis en scène par l'artiste quelques années auparavant, en 1641, dans sa *Grande Vanité*[11]. À gauche de la composition et à l'arrière plan, hanaps et gobelets sont dressés sur une sorte de petit buffet.

Les gobelets se retrouvent aussi dans la *Grande nature morte d'orfèvrerie* : sur une table, un römer, un morceau de verre brisé et divers objets d'orfèvrerie, dont une pyramide de gobelets comparable à celle figurée dans le tableau précédent, constituent l'ensemble de l'œuvre[12]. À l'arrière plan, à droite, se retrouve le thème de la corbeille en osier ajourée remplie de verres et de coupes.

Les verres à pied transparents façon Venise et les römers se retrouvent à plusieurs reprises dans les

---

[10] Le hanap est une coupe à boire de grande taille, généralement réalisée en métal et munie d'un couvercle. Il était très utilisé au Moyen Âge.

[11] Sébastien Stoskopff, *Grande Vanité*, 1641, huile sur toile, 125x165 cm, Strasbourg, musée de l'Œuvre de Notre-Dame. Des études comparées entre objets (d'orfèvrerie et en verre) peints dans ses œuvres et objets conservés se trouvent dans le catalogue d'exposition sur l'artiste. Michèle Heck, *Sébastien Stoskopff (1597-1657), un maître de la nature morte*, Réunion des musées nationaux, Paris, 1997.

[12] Sébastien Stoskopff, *Grande nature morte d'orfèvrerie*, Pasadena, Norton Simon Foundation.

œuvres de Stoskopff : la *Nature morte à l'écrevisse et au citron*[13] et le *Römer, pain et fruits*[14] en sont des exemples.

Artiste strasbourgeois, Sébastien Stoskopff présente une parenté avec les peintres flamands de natures mortes surtout dans le choix des objets figurés. Par ailleurs, son séjour à Paris a eu également une influence sur son art, comme on peut le voir avec la *Jatte de fraises*. La parenté stylistique de son œuvre peint avec celui des autres peintres de natures mortes installés dans la capitale à cette époque est indéniable.

Ses peintures présentent l'intérêt de proposer un éventail d'objets servant à boire (hanaps, römers, gobelets, verres réalisés de différentes façons), que l'iconographie française ne figurera plus par la suite.

Durant la fin du XVIIème siècle et au XVIIIème siècle, les scènes de repas et les natures mortes illustrent des verres à pied transparents dans leur plus grande simplicité. Aucune décoration n'y figure comme dans les verres façon Venise et les formes ne présentent que de rares variations. La forme généralement représentée est conique comme on peut le voir dans les scènes de repas, telle la *Halte de chasse*[15] de Carle

---

[13] Sébastien Stoskopff, *Nature morte à l'écrevisse et au citron* (pendant de la *Nature morte aux fruits, au fromage et au pain*), vers 1637-1640, huile sur toile, 28,5x31,5 cm, Le Havre, musée des Beaux-Arts André Malraux.

[14] Sébastien Stoskopff, *Römer, pain et fruits*, 1644, huile sur toile, 35x33 cm, collection particulière.

[15] Carle van Loo, *Halte de chasse*, 1737, pour la grande salle à manger des petits appartements du roi à Fontainebleau, huile sur toile, 220x250 cm, Paris, musée du Louvre.

van Loo. On trouve également des formes plus rondes comme dans le *Souper fin*[16] de Jean-Michel Moreau le Jeune.

Cette forme arrondie est plus souvent figurée dans la seconde moitié du siècle, de façon concomitante avec les verres coniques.

On assiste donc à un déclin de l'intérêt pictural porté à cet accessoire. L'attention décorative est centrée sur d'autres objets, tant dans la production que dans la transcription iconographique, les artistes s'attardant plus volontiers sur d'autres accessoires.

Si certaines œuvres mettent en valeur de riches objets d'orfèvrerie, d'autres illustrent des objets plus courants et d'une moins grande abondance décorative.

C'est par exemple le cas de réchauds de table. Sébastien Stoskopff en représente plusieurs dans ses œuvres : *Gigot, miche de pain, réchaud et citrons sur un entablement*[17], *Réchaud, plat d'huîtres et verres de vin*[18], *Réchaud et salière*[19] et *Nature morte au réchaud, aux piverts*

---

[16] Jean-Michel Moreau le Jeune, *Le Souper fin* (pour le *Monument du costume*), Paris, Bibliothèque nationale de France, cabinet des Estampes.

[17] Sébastien Stoskopff, *Gigot, miche de pain, réchaud et citrons sur un entablement*, vers 1630-1635, huile sur toile, 44x64,5 cm, collection particulière.

[18] Sébastien Stoskopff, *Réchaud, plat d'huîtres et verres de vin*, vers 1625-1635, huile sur toile, 54,5x64 cm, collection particulière.

[19] Sébastien Stoskopff, *Réchaud et salière*, vers 1635-1640, huile sur toile, 40x50 cm, Chaumont, musée d'art et d'histoire.

et au baquet[20], ce dernier réchauffant un artichaut, de la même façon qu'on peut le voir dans le *Goût*[21] d'Abraham Bosse.

Le sel est une denrée qui a été pendant longtemps le seul moyen de conservation des aliments, et dont on se sert très souvent lors de la préparation des repas ainsi que sur la table.

La représentation picturale des salières est répandue dans la première moitié du XVIIème siècle. Dans *Réchaud et salière* elle possède une base large, et son corps, à pans, se rétrécit pour s'élargir à nouveau dans sa partie supérieure.

Cette même salière se retrouve dans *Volaille lardée, salière et verre de vin* et semble être courante dans l'iconographie française du XVIIème siècle[22].

Si ces deux salières de Stoskopff présentent une certaine richesse, ce n'est pas toujours le cas d'autres peintures, même si la forme est pourtant identique, ou presque, à celles figurées par l'artiste alsacien.

Abraham Bosse en montre dans *L'Hyver*[23] et la *Bénédiction de la table familiale*[24]. Dans la première

---

[20] Sébastien Stoskopff, *Nature morte au réchaud, aux piverts et au baquet*, vers 1630-1640, huile sur toile, 54,5x73 cm, Bâle, Kunstmuseum, Öffentliche, Kunstsammlung.

[21] Abraham Bosse (d'après), *Le Goût*, huile sur toile, Tours, musée des Beaux-Arts.

[22] Sébastien Stoskopff, *Volaille lardée, salière et verre de vin*, vers 1635, huile sur toile, 52x64 cm, collection particulière.

[23] Abraham Bosse, *L'Hyver*, Paris, Bibliothèque nationale de France, cabinet des Estampes.

œuvre, la salière trône au milieu de la table et constitue le principal accessoire avec les assiettes. Quant à la seconde œuvre, deux salières accompagnent les plats déposés sur la table.

Leur forme est proche de celle que l'on trouve chez Stoskopff mais également dans une gravure de Jacques Callot représentant la *Sainte Famille à table*[25]. Sur la table circulaire recouverte d'une nappe, on distingue un plat creux contenant des fruits, un chandelier à une branche, une écuelle à oreilles sur son plateau et une salière.

Des variations dans l'exécution de ce type de salières existent, comme celle figurée dans le *Repas d'Emmaüs* : le corps de l'accessoire, s'il a une forme incurvée, n'est pas à pans mais lisse[26]. Dans les *Quatre Âges de l'Homme, la Virilité* d'Abraham Bosse, on en trouve une autre version[27].

Si les salières de ce genre, dans ses diverses variations, sont les plus courantes durant la première moitié du XVIIème siècle, ce ne sont pas les seules. Les autres formes peuvent être d'une plus ou moins grande simplicité.

---

[24] Abraham Bosse, *La Bénédiction de la table*, vers 1635, eau-forte et burin, Paris, Bibliothèque nationale de France, Arsenal.

[25] Jacques Callot, *La Sainte Famille à table*, gravure, 19x16,8 cm, collection particulière.

[26] Anonyme (attribué un temps certainement à tort à Nicolas Tournier), *Le Repas d'Emmaüs*, vers 1630, huile sur toile, 204x154 cm, Nantes, musée des Beaux-Arts.

[27] Abraham Bosse, *Les Quatre Âges de l'homme, la Virilité*, Paris, Bibliothèque nationale de France, cabinet des Estampes.

Dans le mois de janvier de Jacques Callot, une salière carrée, de petite taille, est posée sur la table[28].

Claude Vignon, dans son tableau intitulé *Salomé apportant à Hérode et à Hérodiade la tête de saint Jean-Baptiste* montre une salière fastueuse, en or, qui semble appartenir à un service (assiettes, couverts, récipient)[29]. Son corps large de forme convexe repose sur des pieds ; elle est décorée par des volutes.

Ce même artiste, dans sa *Scène de banquet*[30], montre une salière également en or, d'une certaine hauteur, dont la décoration s'étale sur deux niveaux[31].

Notons ici rapidement la variété des formes des salières qui existe toujours sous le règne de Louis XIV, et dont on ne conserve pas d'exemples. *L'Inventaire du Mobilier de la Couronne sous Louis XIV* cite des salières à tiroirs, carrées couvertes à tiroirs, rondes, à pied carré, etc.[32]

---

[28] Jacques Callot, *Les Mois : Janvier*, Paris, Bibliothèque nationale de France, cabinet des Estampes.

[29] Claude Vignon, *Salomé apportant à Hérode et à Hérodiade la tête de saint Jean-Baptiste*, huile sur toile, 73x96 cm, Rome, Collection Fabrizio Lemme.

[30] Claude Vignon, *Scène de banquet*, vers 1631-1641, huile sur toile, 103x138 cm, collection particulière.

[31] La richesse de ces salières, tant dans leurs matériaux que dans leurs formes, est récurrente dans l'iconographie des objets sous le règne de Louis XIV, principalement dans la nature morte d'apparat.

[32] Jules Guiffrey, *Inventaire du Mobilier de la Couronne sous Louis XIV (1663-1715)*, Paris, 1885.

Une étude approfondie des objets d'orfèvrerie liés à la table a été réalisée par Michèle Bimbenet-Privat dans son ouvrage *Les orfèvres et l'orfèvrerie de Paris au XVIIème siècle*. Ce sujet n'est pas analysé ici ; je me contenterais, donc d'en noter très succinctement en quelques lignes les éléments les plus pertinents pour le présent propos avant de traiter la vaisselle de table dans l'iconographie du règne de Louis XIV et du XVIIIème siècle.

Michèle Bimbenet-Privat a publié son étude en deux volumes, dont le premier est consacré aux hommes (aux orfèvres) et le second à leur production (datant des années 1610-1620 environ jusqu'aux années 1700-1705) et peut donc être considérée comme un « aperçu des œuvres révélées et identifiées grâce aux sources d'archives.[33] »

La décoration est celle des « cosses de pois », vers 1615-1640, remplacées par des fleurs et acanthes dans les années 1640-1670.

Sous le règne personnel de Louis XIV, les modèles sont ceux des Gobelins et de la Galerie du Louvre, marqués par les personnalités de Charles Le Brun et Jean Berain.

Une certaine variété caractérise ces objets et certains accessoires liés aux nouveaux usages de la table apparaissent : couverts, assiettes, plats, terrines,

---

[33] Michèle Bimbenet-Privat, *Les orfèvres et l'orfèvrerie de Paris au XVIIème siècle*, édition des musées de la ville de Paris, Paris, 2002, 2 volumes, tome I, p. XIII.

pots à oille, bouteilles, aiguières, tasses, soucoupes, salières, huiliers-vinaigriers, boîtes à épices, sucriers, cafetières, chocolatières, théières, surtouts[34]. Certains de ces derniers vont d'ailleurs se développer au siècle suivant et peuvent être monumentaux[35].

Variété et nouveauté des accessoires de Louis XIV à Louis XVI

Le surtout de table

Le mot « surtout » apparaît dans la dernière décennie du XVIIème siècle, période où cet accessoire est réalisé comme accessoire en tant que tel par les orfèvres, mais on en trouve des prémices, par une combinaison de plusieurs objets, dès la régence d'Anne d'Autriche[36].

---

[34] Si à l'origine, les termes de sucriers et pots à sucre sont synonymes, par commodité de langage, le terme « sucrier » est utilisé pour désigner les récipients pour le sucre en poudre dont on se sert pour saupoudrer. Pour désigner les récipients contenant les morceaux de sucre, il semble plus pertinent d'utiliser le terme de « pot à sucre ». Cependant, il arrive également que du sucre pilé soit servi dans un pot et dans ce cas on utilise une cuillère pour se servir.

[35] « Les surtouts de table au XVIIIème siècle : un langage visuel artistique et patriotique », in *La diversité des langages visuels, de l'Antiquité à l'époque moderne*, sous la direction de Mireille Corbier et Gilles Sauron, 139ème CTHS, 2014, édition numérique 2018.

[36] Michèle Bimbenet-Privat, *op. cit.*, tome II, p. 175.

Sa transcription iconographique est également assez tardive. L'orfèvre Nicolas de Launay a réalisé plusieurs surtouts ; un *Portrait de l'orfèvre de Launay et de sa famille*, peint par Robert Levrac-Tournières (1667/1668-1752), montre l'orfèvre, au centre de la composition, désignant d'un geste l'une de ses productions, posée sur un tapis de Turquie[37]. Sur un plateau reposent les divers accessoires utiles pour le service. De l'élément central partent les huit branches d'un chandelier et le sommet est décoré par un Amour.

Ce surtout est à rapprocher du « milieu de table d'argent vermeil doré » pour la table du roi à Marly décrit dans l'*Inventaire du Mobilier de la Couronne sous Louis XIV*. Il est composé d'un plateau servant de table, d'une girandole à huit branches, de quatre sucriers, de quatre poivriers et de huit enfants. Il est livré en juillet 1697 avec un autre identique à celui-ci :

> « 709 – Une table ou baze, pezant, / 710 – Une girandole à huit branches / 711 – Quatre sucriers/ 712 – Quatre poivriers à trois séparations et le milieu en sallière / 713 – Huit enfans qui se mettent durant le jour aux bobèches de ladite girandole.[38] »

Les repas figurant des surtouts sont rares, tout comme les objets conservés ; c'est principalement à des dessins (certainement des projets finalement exécutés

---

[37] Robert Levrac-Tournières, *Portrait de l'orfèvre de Launay et de sa famille*, 1704, huile sur bois, 56x70,2 cm, Caen, musée des Beaux-Arts.

[38] Jules Guiffrey, *Inventaire du Mobilier de la Couronne sous Louis XIV (1663-1715)*, *op cit*.

ou non) qu'il faut avoir recours pour pallier cette lacune.

Le règne de Louis XV voit le développement de cet accessoire en France et en Europe. Claude II Ballin (1661-1754) a d'ailleurs livré trois surtouts à la cour de Russie. On a la chance de conserver l'un d'eux ainsi qu'un projet[39], dont la composition est identique à un autre surtout que ce même Ballin a réalisé pour le « Maréchal Comte de Daun, Gouverneur general du Milanés » en mai 1726 et dont le *Mercure de France* donne la description :

« L'ingénieux Artiste a voulu représenter une Fête que donne Comus, Dieu des Festins. Son Simulacre est placé au-dessus d'un Baldaquin qui sert de couronnement à cette riche fabrique. Le Dieu paroit à demi-couché, les bras étendus, dans une attitude, & avec des expressions qui marquent la santé, la joye & le contentement, & qui semblent inviter aux plaisirs de la table. Ce baldaquin est élevé sur quatre arcades. Sous les deux plus grandes on voit en Termes les figures de Bacchus & de Cerès, avec leurs Attributs, qui remplissent les deux principales faces des grandes Arcades, sur les bords & le sommet des archivoltes. Ces Attributs distribuez avec Art enrichissent beaucoup l'Ouvrage, & font une variété admirable. Du milieu des quatre pieds droits qui forment le bas des Arcades, on voit s'élever vers le ceintre, quatre Bacchantes en demi-corps, dont le bas est terminé en maniere de console d'un dessein fort agreable. Ces quatre demi-figures, posées sur le repos d'une volute, interrompent les montans, & font un fort bel effet. On a eu grande attention à donner à ces Bacchantes des attitudes convenables & extrêmement variées. Elles tiennent les divers instrumens que l'usage fabuleux autorise. Dans toutes ces figures,

---

[39] Claude II Ballin, *Projet de surtout*, Paris, musée des Arts Décoratifs.

outre la grace & la correction du dessein, on y trouve encore cet air d'enjouëment & de vivacité qui convient au sujet.[40] »

Ce surtout est accompagné de deux terrines et de deux pots à oille assortis[41].

Cela se retrouve dans le *Projet de Sculpture en argent d'un grand Surtout de Table et les deux Terrines qui ont été exécutés pour le Milord Duc de Kinston en 1735* gravé par Gabriel Huquier (1695-1772) d'après un dessin de Juste-Aurèle Meissonnier (1695-1750)[42].

Dans le goût rocaille, il est marqué par un jeu de courbes et de contre-courbes, décoré d'enfants, de fleurs, de fruits, etc. La forme de l'huilier-vinaigrier est celle d'un légume. Quant aux terrines qui l'accompagnent, une certaine similitude est notable puisque les couvercles sont décorés par des animaux.

Meissonnier a réalisé plusieurs projets de surtouts, moins connus que celui destiné au duc de Kinston. Le *Dixieme livre des Ouvrages de J. A. Meissonier* présente un *Surtout de table* gravé par Huquier composé d'un plateau reposant sur des pieds en forme de volutes[43].

---

[40] *Mercure de France*, mai 1726, p. 991-992.

[41] Ballin exécute également des caisses à foie gras, des seaux, des soucoupes, des réchauds, des saucières, des flambeaux, des bassins, des plats et des assiettes.

[42] Gabriel Huquier d'après Juste-Aurèle Meissonnier, *Projet de sculpture en argent d'un grand Surtout de Table et les deux Terrines qui ont été exécutés pour le Millord Duc de Kinston en 1735*, Paris, musée des Arts Décoratifs.

[43] Gabriel Huquier d'après Juste-Aurèle Meissonnier, *Surtout de table*, dixième livre des Œuvres, Paris, Bibliothèque du musée des Arts Décoratifs, album Maciet.

Divers accessoires sont disposés sur le plateau qui supporte un élément central décoré de personnages d'où partent quatre girandoles. Cet élément est relié au plateau par des volutes sur lesquelles des satyres sont assis.

La composition générale, de forme pyramidale, est moins dynamique que le surtout réalisé pour le duc de Kinston ou que ses autres œuvres telles qu'un autre *Surtout de table* également gravé par Huquier dans le *Neuvieme Livre des Ouvrages de J. A. Meissonier*[44].

Des pieds en forme de volutes supportent le plateau composé de feuilles sur lesquelles se trouvent les accessoires (salières et sucriers). À l'entrecroisement, l'huilier-vinaigrier est surmonté de l'élément central duquel partent quatre girandoles. Cet élément a la forme d'une terrine décorée de fleurs et d'un personnage ailé.

Si ces surtouts utilisent des personnages dans leurs décorations, il n'en est pas de même dans tous les cas. Un *Projet de surtout* montre le dessin d'un milieu de table reposant sur des pieds recourbés[45]. Coquilles et acanthes participent également à la décoration. Des tiges en forme de fleurs servent à orner les chandeliers dans lesquels les bougies sont disposées. Le milieu du surtout est totalement ajouré et se termine dans sa

---

[44] Gabriel Huquier d'après Juste-Aurèle Meissonnier, *Surtout de table*, neuvième livre des Œuvres, Paris, Bibliothèque du musée des Arts Décoratifs, album Maciet.

[45] Juste-Aurèle Meissonnier, *Surtout*, sanguine, Paris, musée des Arts Décoratifs, album Maciet.

partie supérieure par une décoration rappelant des grottes, mais en cascade sur trois niveaux.

Le décor, qui est ici plus minéral, est à rapprocher de celui du surtout en argent réalisé par Jacques Roëttiers (1707-1784), dont le décor est un paysage rocheux[46]. Sur un plateau chantourné, des piliers forment une arche. Cartouche, coquilles et scènes de chasse, marques du goût pour la cynégétique à cette époque, le décorent. Un cerf aux abois est entouré de chiens tandis qu'un autre chien se trouve à côté d'un loup dont la patte avant gauche est prise dans un piège. Par ailleurs, des hures de sanglier décorent les volutes formant les pieds du surtout.

Ce goût pour la chasse se retrouve dans la gravure d'un surtout dont on ne connaît pas les références[47]. Son intérêt réside ici dans l'illustration de fusils de chasse, de besaces et de chiens accompagnés non pas de chasseurs mais d'enfants ailés près d'un arbre qui donnent à cette œuvre un ton plus léger toujours dans le goût rocaille, comme on le voit avec les jeux de courbes et de contre-courbes, l'asymétrie du décor central et la dynamique des girandoles qui semblent comme en équilibre dans les airs.

---

[46] Jacques Roëttiers, *Surtout*, 1734-1735, argent, 62x94x62 cm, Paris, musée du Louvre. Le cartouche porte les armoiries de la maison de Bourbon-Condé. Une inscription indique « J. Roettiers orfvre (*sic*) du Roy in et F/1736 ».
[47] Anonyme, *Surtout*, Paris, Bibliothèque du musée des Arts Décoratifs, album Maciet.

La décoration des surtouts suit celle plus générale des arts décoratifs et, sous Louis XVI, le goût néo-classique prédomine.

Il en est ainsi d'un surtout réalisé par Delafosse, composé de trois plateaux supportés par des consoles en forme de volutes reliées par des guirlandes de fruits et de fleurs[48]. Le plateau supérieur est décoré de grecques.

Un autre surtout, dans le goût néo-classique, montre un plateau d'une certaine hauteur, décoré d'oves sur lequel est posé un élément central, rappelant les terrines, avec un couvercle décoré d'un artichaut[49]. Cet élément repose sur un pied et deux sphinges portent sur la tête des corbeilles de fruits.

Avec ces deux œuvres, on note une plus grande rigidité, un répertoire décoratif issu de l'Antiquité, une certaine massivité qui est en contraste avec la dynamique, l'asymétrie, les jeux de pleins et de vides et de courbes et de contre-courbes des surtouts réalisés sous le règne de Louis XV.

On sait par ailleurs que sous le règne de Louis XVI (et même dès la fin du règne son grand-père), les surtouts sont plus architecturés et c'est la porcelaine qui règne en lieu et place de l'orfèvrerie.

---

[48] Delafosse, *Surtout*, Paris, Bibliothèque du musée des Arts Décoratifs, album Maciet.
[49] Anonyme, *Surtout*, Paris, Bibliothèque du musée des Arts Décoratifs, album Maciet.

C'est ce que l'on constate dans les gravures de Moreau le Jeune qui représentent le *Souper offert par Madame du Barry à Louis XV le 2 septembre 1771 pour l'inauguration du pavillon de Louveciennes*[50] et le festin royal donné pour la naissance du Dauphin le 21 janvier 1782[51].

Pots à oille et terrines

Les surtouts peuvent être accompagnés de terrines comme c'est le cas pour le *Projet de Sculpture en argent d'un grand Surtout de Table et les deux Terrines qui ont été exécutés pour le Milord Duc de Kinston en 1735* de Meissonnier ou du surtout réalisé par Claude II Ballin (1660-1754) en mai 1726 :

« Ce magnifique Surtout est accompagné de deux Terrines ovales à anses, avec leurs bassins & cuilliers, le tout d'un goût nouveau & d'un travail exquis ; de deux Pots à oïlles, de forme ronde, aussi avec leurs bassins & cuilliers. Ces quatre grandes pieces ont chacune leur couvercle ornez d'une maniere singuliere & ingenieuse.[52] »

---

[50] Jean-Michel Moreau le Jeune, *Souper offert par Madame du Barry à Louis XV le 2 septembre 1771 pour l'inauguration du pavillon de Louveciennes*, plume, encre brune, aquarelle, lavis gris, 31,6x26,4 cm, Paris, musée du Louvre, département des Arts graphiques.

[51] Jean-Michel Moreau le Jeune, *Festin donné au Roi et à la Reine par la ville de Paris, le 21 janvier 1782 à l'occasion de la naissance du Dauphin*, 1782, 46x36,4 cm, Paris, musée du Louvre, collection Rotschild.

[52] *Mercure de France*, mai 1726, p. 993.

Pots à oille[53] et terrines[54] sont courants sur la table. Ces plats sont généralement servis en entrées. Dans la pratique, il n'est pas forcément toujours aisé de distinguer les deux objets[55].

Le pot à oille est un accessoire dans lequel se trouve une oille, dérivée de l'*olla prodrida* espagnole, ragoût importé de la péninsule ibérique sous le règne de Louis XIV. Dans le *Dictionnaire de Trévoux*, l'oille est un

« ramas des plus excellentes viandes que l'on fait cuire dans un pot ou terrine avec toutes sortes de béatilles, quantité d'herbes et

---

[53] « Le pot à oille est un grand récipient couvert, de section circulaire, à fond arrondi, sur pieds, d'un diamètre de 23 à 30 cm, posé sur un plateau ou un présentoir assorti pour le service du plat appelé oille. Le pot à oille en métal ou en porcelaine peut comporter une doublure intérieure de même matériau ou non ». Catherine Arminjon, Nicole Blondel, *Objets civils domestiques. Vocabulaire*, Ministère de la culture. Inventaire général des monuments de la France, Paris, 1984.

[54] « La terrine est un grand récipient couvert, de section ovale, à fond arrondi, d'une longueur de 33 à 39 cm, sur pieds, posé sur un plateau ou un présentoir assorti, pour le service de plats à base de viande. Les terrines peuvent être assorties aux pots à oille. La terrine peut emprunter une forme zoomorphe ou végétale (chou, canard, oie, tête de sanglier), liée au contenu. » *Dictionnaire universel françois et latin, vulgairement appelé* « *Dictionnaire de Trévoux* », s.n., Paris, 1752, 7 volumes..

[55] On peut noter que près de 5,7% des plats présentés sur la table du roi à Choisy sont des oilles et terrines. Pour une étude globale sur la gastronomie à la table du roi Louis XV au château de Choisy, voir Sandrine Krikorian, *Les Menus de Choisy*, Paris, BoD, Norderstedt, 2021.

d'aromates. L'oille est remplie de toutes sortes de bon gibier et autres viandes »

tandis que la terrine est « une sorte de ragoût fait dans une espèce de terrine, & qu'on sert d'ordinaire pour entrée[56] » qui doit son nom à l'ustensile dont on se sert en cuisine.

De façon générale, la principale différence entre les deux accessoires tient dans leur forme : alors que le pot à oille est circulaire, la terrine, elle, est ovale.

Paradoxalement, l'iconographie des repas ne figure pas ces accessoires. Pour en savoir plus, il est donc nécessaire de s'attarder sur quelques natures mortes et des projets (peints ou gravés) afin de les comparer aux objets conservés.

Dans son tableau intitulé *Chat guettant une perdrix et un lièvre morts jetés près d'un pot à oille*[57], à côté d'un lièvre et d'une perdrix, Chardin présente cet objet de profil peut-être dû à Claude II Ballin sur lequel se trouve une bigarade[58].

Sa décoration est assez simple. La partie inférieure du corps est décorée d'oves alors que le reste du récipient, alternant formes concaves et convexes, est lisse ; quant au couvercle, on retrouve le même jeu des lignes. La poignée est réalisée avec une certaine

---

[56] *Idem.*

[57] Jean-Siméon Chardin, *Un Chat guettant une perdrix et un lièvre morts jetés près d'un pot à oille*, vers 1728-1730, huile sur toile, New York, The Metropolitan Museum of Art.

[58] Pierre Rosenberg (sous la direction de), *Chardin*, Paris, Galeries nationales du Grand Palais, 7 septembre-22 novembre 1999, Réunion des musées nationaux, Paris, 1999, p. 148.

simplicité d'ailleurs caractéristique de la fin du règne de Louis XIV.

Datant des années 1710-1715, cet objet peut être mis en relation avec le *Projet d'un pot à oille pour le roi* par Nicolas Delaunay en 1700[59]. Les pieds du récipient sont en forme de pattes et les anses sont composées d'animaux (des dragons ou peut-être des serpents) et le couvercle est décoré d'une simple prise.

Le répertoire décoratif des prises se développe sous Louis XV avec, par exemple, le projet d'un pot à oille de Roëttiers[60]. Sur une base dans le goût rocaille, le récipient est décoré de coquilles, de tiges et un cartouche, surmonté d'une couronne, orne son centre. Le couvercle, à bord ondulé, qui suit les jeux de courbes du rebord du récipient est décoré d'un trophée de chasse.

Ce type de décoration est attesté par les objets conservés, comme on peut le voir avec la paire de pots à oille réalisée pour le duc de Penthièvre[61]. Ils possèdent en leurs centres un cartouche sur lequel les armes de Louis-Jean-Marie de Bourbon sont gravées et que l'on retrouve sur le couvercle. Le récipient repose sur des pieds en forme de volutes, les anses sont

---

[59] Nicolas Delaunay, *Projet d'un pot à oille pour le roi*, vers 1700, crayon, encre et lavis, 51x38 cm, Stockholm, Nationalmuseum.

[60] Nicolas Roëttiers, *Projet de pot à oille*, Paris, Bibliothèque du musée des Arts Décoratifs, album Maciet.

[61] Edme-Pierre Balzac, Robert-Joseph Auguste, Charles-Nicolas Odiot, Paire de pots à oille pour le duc de Penthièvre, vers 1758-1759 (pot), vers 1770-1771 (plateau), Paris, musée du Louvre.

formées de tiges et le rebord est décoré d'oves. Le couvercle de chaque accessoire est orné d'une décoration animalière : l'un d'un trophée de chasse et l'autre d'un trophée de pêche, certainement en rapport avec les mets qu'ils sont destinés à contenir.

Ce jeu de miroir caractéristique de l'art du siècle des Lumières est également valable pour les terrines[62]. Le modèle d'une terrine sur son plat à oreilles montre un récipient posé sur des pieds recourbés et dont la décoration est mélangée à celles des anses formées par des feuillages[63]. Le couvercle est orné d'une écrevisse, d'un chou et de champignons.

Une terrine qui fait également partie du service du duc de Penthièvre est ornée d'une scène de chasse : deux chiens s'attaquent à un cerf et l'un d'eux mord l'animal[64]. Par ailleurs, une terrine réalisée par Charles Spriman possède, elle aussi, un décor cynégétique. Il représente un chien assis avec à ses pieds un animal mort et un cor de chasse[65].

---

[62] Sur cette question des effets de miroir, voir Sandrine Krikorian, *À la table des élites. Les repas privés de la Régence à la Révolution*, Aix-en-Provence, Presses universitaires de Provence, 2013.

[63] Anonyme, Terrine sur son plat à oreilles, in H. Bouchot, *Cent modèles inédits de l'orfèvrerie française des XVIIème et XVIIIème siècles*, Paris, s.d.

[64] Edme-Pierre Balzac, Terrine pour le duc de Penthièvre, vers 1757-1758 (terrine), vers 1763-1764 (plateau), argent fondu, Paris, musée du Louvre.

[65] Charles Spriman, *Terrine*, 1775-1776, argent, 29,5x17x42x20 cm, Paris, musée du Louvre. Gravure sur le revers du couvercle de la devise du colonel Thornton : « VERITAS PREVALEBIT August 15 1795. The Committee request that these lines may be

Un décor plus végétal peut également décorer les couvercles des terrines. C'est le cas de celle représentée par Oudry dans sa *Nature morte au tapis de Turquie, du gibier mort et une terrine d'argent* : feuilles et légumes ornent le couvercle[66].

La présence d'un seul fruit ou légume comme décoration du bouton du couvercle est souvent utilisée comme on peut le voir sur une terrine réalisée par

---

added to the Plate. To Lt Col. Thornton Sr. The uniform steady conduct of the soldiers of the York at Robio Tiverton and Barnham Camps, will transmit your name with degree of credit few attain to the latest posterity. Lt Col. Thornton entaits the Plate voted by the Soldiers to his Heirs. The Non Commission d'Officers and Soldiers of the York Reg. requested Dr Trusley to present to Lt Col. Thornton in their name an Elegant Sword and Service of Plate, for which he was done in presence of Forty officers of rang, on the third of May at the ... Tavern, that day being the Colonel's Birth day ». Les anses sont décorées de têtes de bélier et sur les cartouches se trouvent un lion et l'inscription « Et in hoc signo vinces ». Pour plus de détails, voir la notice donnée par le musée du Louvre.

[66] Jean-Baptiste Oudry, *Nature morte au tapis de Turquie, du gibier mort et une terrine d'argent*, avant 1738, pierre noire et craie sur papier brun, 38,1x52,8 cm, Schwerin, Staatliches Museum. Cette pièce d'argent est certainement réalisée sur le modèle d'une terrine que Roëttiers aurait exécutée pour le service de Lord Berkeley entre 1735 et 1738. *Jean-Baptiste Oudry*, Réunion des musées nationaux, Paris, 1983, p. 109. Vincent Droguet, Xavier Salmon, Danièle Véron-Denise, *Animaux d'Oudry. Collection des ducs de Mecklembourg-Schwerin*, musée national du château de Fontainebleau, musée national des châteaux de Versailles et Trianon, 5 novembre 2003 – 9 février 2004, Réunion des musées nationaux, Paris, p. 116.

Antoine-Jean de Villeclair (1706-1764) et sur les modèles d'orfèvrerie conservés[67].

Anne Vallayer-Coster, dans sa *Nature morte au homard*, montre un pot à oille dont le récipient ne présente pas de décor et le couvercle est seulement orné d'un pignon au bouton[68]. Ce type de décoration s'étend aux objets en céramique. Dans sa *Table d'office*[69], Chardin représente un pot à oille, dont la prise est décorée[70].

Contrairement aux terrines et pots à oille précédents, la forme de cet objet est simplifiée puisqu'on a l'impression d'avoir affaire à une sphère. Les pots à oille et terrines suivent, de façon générale, la même évolution formelle, stylistique et décorative que les surtouts.

---

[67] Antoine-Jean de Villeclair, *Terrine*, vers 1761-1763, argent, Paris, musée du Louvre.

[68] Anne Vallayer-Coster, *Nature morte au homard*, 1781, huile sur toile, 70x88 cm, Toledo, museum of Art.

[69] Jean-Siméon Chardin, *La Table d'office*, dit aussi, *Partie de dessert avec pâté, fruits, pot à oille et huilier*, 1763 (?), huile sur toile, 38x46 cm, Paris musée du Louvre.

[70] Ce pot à oille serait à comparer aux œuvres réalisées à Strasbourg par Hannong, vers 1748-1750. Une étude sur les objets dans l'œuvre de Chardin est réalisée dans le catalogue de l'exposition sur l'auteur qui s'est déroulée en 1999 : un rapprochement entre objets peints et objets conservés y est réalisé. Marie-Laure de Rochebrune, « À propos de quelques objets de céramique et de verre dans la peinture de Chardin », in Pierre Rosenberg (sous la direction de), *Chardin*, Paris, Galeries nationales du Grand Palais, 7 septembre-22 novembre 1999, Réunion des musées nationaux, Paris, 1999, p. 37-53.

La *Nature morte à l'orfèvrerie* de Charles Bouillon donne une idée des objets les plus courants réalisés en cette fin du règne de Louis XIV. Sur une table, divers accessoires en argent sont posés, dont certains dépassent de celle-ci[71]. Un grand plateau circulaire contient une fourchette et une cuillère à manche long, une saucière, un huilier-vinaigrier, une aiguière. D'un côté se trouvent deux salières identiques, une boîte à épices, un sucrier, de l'autre, un pot à moutarde. À l'arrière plan, on distingue deux chandeliers et des assiettes dressées.

Ce tableau présente un éventail d'objets dans des formes proches de celles que l'on trouve au XVIIIème siècle dans les accessoires marqués par une certaine sobriété.

L'aiguière est à mettre en rapport avec celle de la *Nature morte au jambon* d'Alexandre-François Desportes[72]. Sa forme est identique ; seuls quelques éléments de décorations varient.

L'aiguière illustrée par Bouillon rappelle celle d'une enseigne *À l'aiguierre d'or* : la forme de l'objet est identique et la décoration proche, notamment avec la présence du mascaron sous le bec[73]. La plupart des

---

[71] Charles Bouillon, *Nature morte à l'orfèvrerie* (enseigne d'orfèvre), 1707, huile sur toile, 80x96 cm, Paris, musée des Arts Décoratifs.

[72] Alexandre-François Desportes, *Nature morte au jambon*, 1738, huile sur toile, 72x82 cm, collection particulière.

[73] Anonyme, *À l'aiguierre d'or*, gravure, Paris, Bibliothèque du musée des Arts Décoratifs.

accessoires de la peinture de Bouillon présentent une évolution qui suit les goûts contemporains.

La lumière à table

Toujours dans la *Nature morte à l'orfèvrerie* de Charles Bouillon, la paire de chandeliers se présente avec le bras de lumière dressé sur un pied circulaire ; l'ensemble est décoré de godrons.

L'importance de la lumière à table est grande. Même si les représentations de repas figurant des chandeliers, flambeaux, candélabres ou girandoles sont rares, on en trouve quelques témoignages. Ils peuvent faire partie des accessoires (être intégrés à des surtouts par exemple) ou être isolés, comme on peut le voir sur les buffets.

La *Récureuse* d'André Bouys montre deux chandeliers en argent, l'un debout et l'autre couché, qui se croisent perpendiculairement[74].

Les plans de table du mariage du prince de Conti avec Mademoiselle de Blois en janvier 1680[75] et du régal donné par Monsieur à Saint-Cloud[76] en mai de la même année marquent la présence de girandoles.

---

[74] André Bouys, *La Récureuse*, 1737, Paris, musée des Arts Décoratifs.
[75] *Plan de table du mariage du Prince de Conti avec Mademoiselle de Blois*, in *Mercure galant*, janvier 1680.
[76] *Régal donné par Monsieur à Saint-Cloud*, in *Mercure galant*, mai 1680.

Le *Bal à la françoise*[77] dans l'almanach pour l'année 1682, montre un chandelier à trois branches et le *Festin donné par le duc d'Albe pour la naissance du prince des Asturies*[78], un chandelier à quatre branches. Ces objets sont d'une forme et d'une décoration assez sobres, ce qui n'est pas toujours le cas.

L'un des buffets, réalisé pour les fêtes du mariage du Dauphin en 1745 organisées par la ville de Paris, montre différents candélabres décorant le gradin supérieur[79]. Les deux chandeliers encadrant le plat central sont à cinq branches et reposent sur un large pied dont les extrémités sont recourbées. Aux bouts du gradin, deux chandeliers sont représentés. Le pied et le fût se mêlent et dans la partie supérieure se trouvent trois courtes branches. La forme sinueuse témoigne de l'intérêt stylistique porté à cet objet, dont le fût est souvent accompagné de personnages.

Un projet de Thomas Germain (1673-1748) pour le roi datant de 1748 montre une girandole à quatre branches, surmontée de fleurs de lys et dont le pied est orné d'un cartouche où se retrouvent les trois fleurs de

---

[77] *Bal à la françoise*, almanach pour l'année 1682, Paris, Bibliothèque nationale de France, cabinet des Estampes.

[78] Gérard Jean-Baptiste Scotin d'après Desmaretz, *Festin donné par le duc d'Albe, ambassadeur d'Espagne à Paris en l'honneur de la naissance du Prince des Asturies en 1707*, Paris, Bibliothèque nationale de France, cabinet des Estampes.

[79] Buffets, in *Fêtes publiques données par la ville de Paris à l'occasion du mariage de Monseigneur le Dauphin avec Madame Marie-Thérèse, Infante d'Espagne, les 23 et 26 février 1745*, s.n., s.l., 1745.

lys sous une couronne[80]. Le fût est décoré de deux amours figurés comme des atlantes qui le supportent et duquel partent les branches.

En 1757, François-Thomas Germain (1726-1791) (fils de Thomas) a réalisé, pour le roi du Portugal, une paire de chandeliers où le même principe est repris : un piédouche repose sur des pieds recourbés tandis que le fût est décoré d'enfants soutenant les bras de lumière[81].

Ce genre de production est courant et récurrent dans l'œuvre des Germain père et fils, comme en atteste un *Portrait de Thomas Germain et de son épouse* par Nicolas de Largillierre : un faune et une faunesse reposant sur un pied ornent le fût et supportent les bobèches[82].

Thomas Germain n'est pas le seul artiste à réaliser ce genre d'objets : Roëttiers et Meissonnier les exécutent également. Ce dernier fabrique des accessoires dont la décoration est plus végétale ou minérale, comme on peut le voir dans un projet pour une paire de girandoles, dont les branches sont en porcelaine, et

---

[80] Thomas Germain, *Projet de chandelier pour le roi*, 1748, Paris, Bibliothèque nationale de France, cabinet des Estampes.
[81] François-Thomas Germain, Girandole (appartenant à une paire) pour le roi du Portugal, 1757, argent, Paris, musée du Louvre.
[82] Nicolas de Largillierre, *Portrait de Thomas Germain et de son épouse*, 1736, huile sur toile, 146x113 cm, Lisbonne, Fondation Calouste Gulbenkian.

garnie d'or[83]. La décoration commence sur les pieds et se mêle à celle du fût avec une certaine continuité.

Tradition et innovation dans les accessoires de table

Assiettes et plats

Des assiettes, présentant une certaine simplicité dans leur forme et leur décor, sont à bord lisse (sans décoration ou décorées d'une simple bordure).

Ce genre d'assiettes plates ou creuses (et par extension ce genre de plats) est courant aux XVIIᵉᵐᵉ et XVIIIᵉᵐᵉ siècles.

Dès le XVIIᵉᵐᵉ siècle, on en note la présence dans le *Déjeuner maigre*[84] de Sébastien Stoskopff ou dans le *Dessert de gaufrettes*[85] de Lubin Baugin. Les assiettes empilées dans les *Présents à la mariée* d'Abraham Bosse sont aussi de ce type[86].

---

[83] Gabriel Huquier d'après Juste-Aurèle Meissonnier, *Projet pour une paire de girandoles*, Paris, Bibliothèque nationale de France, cabinet des Estampes.

[84] Sébastien Stoskopff, *Le Déjeuner maigre*, vers 1630-1640, huile sur toile, 62,5x82 cm, Paris, anciennement galerie J. O. Leegenhoek.

[85] Lubin Baugin, *Le Dessert de gaufrettes*, huile sur toile, 55x73 cm, Paris, musée du Louvre.

[86] Abraham Bosse, *Les Présents à la mariée*, Paris, Bibliothèque nationale de France, cabinet des Estampes.

Un siècle plus tard, Nicolas Lancret les représente toujours dans le *Repas de chasse*[87] par exemple et Moreau le Jeune dans le *Souper fin*.

Sur une table servante, au premier plan, des assiettes sont empilées et d'autres sont disposées sur la table. La présence d'assiettes et de plats à bord lisse est un *topos* de l'iconographie de l'Ancien Régime.

D'autres formes et décorations existent parallèlement. Dans la première moitié du XVIIème siècle, les assiettes et plats godronnés sont courants, comme en atteste la gravure d'Abraham Bosse intitulée le *Festin des Chevaliers de l'ordre du Saint-Esprit à Fontainebleau en 1633*[88]. Plats à bord lisse en métal et plats godronnés en céramique coexistent.

La nature morte représente également ces accessoires, comme on peut le voir dans la *Coupe de cerises, prunes et melon*[89] ou dans l'*Intérieur de cuisine avec*

---

[87] Nicolas Lancret, *Le Repas de chasse*, vers 1720-1743, huile sur toile, 91x124 cm, Paris, musée du Louvre.

[88] Abraham Bosse, *Festin des chevaliers de l'Ordre du Saint-Esprit donné au château de Fontainebleau le 14 mai 1633*, 1633-1634, eau-forte et burin, 27x34,2 cm, Washington, National Gallery of Art / Abraham Bosse (d'après), *Festin des chevaliers de l'Ordre du Saint-Esprit donné au château de Fontainebleau le 14 mai 1633*, vers 1635, huile sur toile, Montréal, Power Corporation du Canada.

[89] Louise Moillon, *Coupe de cerises, prunes et melon*, 1633, huile sur toile, 46x69 cm, Paris, musée du Louvre.

fruits et servante[90], tous deux de Louise Moillon, ou dans la *Coupe de fruits*[91] de Lubin Baugin.

Les objets présentés sous cette forme disparaissent par la suite et, sous Louis XIV, les assiettes et les plats généralement représentés sont à bord lisse, à quelques exceptions près. Dans sa *Nature morte à l'orfèvrerie*, Charles Bouillon figure un plat à bord godronné assorti aux autres accessoires.

C'est sous Louis XV que les formes vont se développer : des assiettes et des plats, à bord découpé et lobé, sont figurés dans la *Halte de chasse*[92] de Carle van Loo, le *Déjeuner de chasse*[93] et le *Déjeuner d'huîtres*[94] de Jean-François de Troy. Cette forme est également celle d'un grand plat en argent et d'autres plats lobés dans *La Récureuse* d'André Bouys avec une servante nettoyant ces accessoires ou dans la *Nature*

---

[90] Louise Moillon, *Intérieur de cuisine avec fruits et servante*, huile sur toile, 96,5x125,5 cm, Paris, marché de l'art.

[91] Lubin Baugin, *Coupe de fruits*, huile sur toile, 37x49 cm, Rennes, musée des Beaux-Arts.

[92] Carle van Loo, *Halte de chasse*, 1737, pour la grande salle à manger des petits appartements du roi à Fontainebleau, huile sur toile, 220x250 cm, Paris, musée du Louvre.

[93] Jean-François de Troy, *Le Déjeuner de chasse*, 1737, pour la grande salle à manger des petits appartements du roi à Fontainebleau, huile sur toile, 241x170 cm, Paris, musée du Louvre.

[94] Jean-François de Troy, *Le Déjeuner d'huîtres*, 1735 pour la salle à manger des petits appartements de Versailles, huile sur toile, 180x126 cm, Chantilly, musée Condé.

morte au lièvre mort[95] de Henri-Horace Roland de La Porte.

Ces formes lobées, d'abord utilisées pour les objets d'orfèvrerie, vont par la suite s'étendre à la céramique. Certains plats peuvent avoir une décoration plus importante mais, dans ce cas, ce sont surtout des plats faisant partie de la vaisselle d'apparat comme c'est le cas des natures mortes de Meffrein Comte ou d'Alexandre-François Desportes.

Contrairement aux autres objets de table qui montrent une totale évolution des formes, des styles et des décorations tout au long des deux siècles, les assiettes et les plats présentent une certaine persistance, malgré des inventions dans les formes. Ainsi cohabitent formes traditionnelles et formes nouvelles.

Assaisonnement : salières, boîtes à épices et huiliers-vinaigriers

Si les salières sont représentées en nombre sous le règne de Louis XIII, leur illustration diminue sous le règne de Louis XIV et a pratiquement disparu à partir du règne de Louis XV, du moins dans les scènes de repas.

Lorsqu'elles sont montrées, elles sont sobres ou d'une forme classique. Il en est ainsi des petites salières du *Superbe repas presenté au Roy et aux Princes de Sa*

---

[95] Henri-Horace Roland de La Porte, *Nature morte au lièvre mort*, toile, 95x85,5 cm, France, collection particulière.

Cour[96] pour l'almanach de 1730, et du *Déjeuner rustique*[97] de Nicolas Desportes, dont les formes rappellent les salières vues précédemment.

Il faut avoir recours aux projets des artistes et aux objets conservés pour comprendre le renouvellement de la forme et de la décoration de certaines salières qui, apparemment, coexistent avec des formes plus simples.

Un projet envisagé d'après Meissonnier montre des salières et tabatières[98]. Une salière est décorée de feuilles et lui donnent une forme familière. Plus nouvelles sont celles décorées de personnages et animaux.

Deux salières sont réalisées pour le service du duc de Penthièvre. La première d'Antoine-Sébastien Durant, montre une base sur laquelle un enfant est assis[99]. À gauche, une coquille, ornée par un couvercle, est destinée à contenir le sel. La seconde de Thomas Germain montre une base, dont la forme est plus légère que la précédente, sur laquelle se trouve une

---

[96] *Superbe repas présenté au Roy et aux Princes de Sa Cour en l'Hôtel de Ville de Paris, le 7 septembre, par Messieurs les Prévôts des Marchands et Échevins, en réjouissance de l'auguste Naissance de Monseigneur le Dauphin (1729)*, almanach pour l'année 1730, Paris, Bibliothèque nationale de France, cabinet des Estampes.

[97] Nicolas Desportes, *Déjeuner rustique*, huile sur toile, 67x89 cm, collection particulière.

[98] Gabriel Huquier d'après Juste-Aurèle Meissonnier, *Sallieres et Tabatieres*, Paris, Bibliothèque nationale de France, cabinet des Estampes.

[99] Antoine-Sébastien Durant, Salière pour le duc de Penthièvre, vers 1758-1759, Paris, musée du Louvre.

tortue encadrée d'une coquille Saint-Jacques et d'un crabe s'ouvrant par le milieu et destiné à contenir sel et poivre[100].

Des *Cahiers de salières* de Vinsac présentent des salières, accompagnées ou non d'animaux, avec les variations possibles autour de cet accessoire parmi lesquelles deux salières ornées de dauphins[101].

Bien que de formes et de décorations différentes, elles sont à rapprocher de la salière visible dans la *Nature morte au homard* d'Anne Vallayer-Coster[102]. Une base, reposant sur des pieds de petites dimensions, supporte le récipient destiné à contenir le sel. Base et récipient sont reliés par des dauphins, la gueule ouverte.

Le *Déjeuner de chasse* de Carle van Loo et le *Déjeuner d'huîtres* de Jean-François de Troy présentent des salières de forme assez simple à couvercle qui s'apparentent à des boîtes à épices.

Dans sa *Nature morte à l'orfèvrerie*, Charles Bouillon, montre une boîte à épices de petites dimensions, ovale, sur pied et possédant un couvercle divisé par une séparation s'ouvrant des deux côtés.

---

[100] François-Thomas Germain, *Salière*, vers 1734-1736, argent et vermeil, 9x26,5x17 cm, Paris, musée du Louvre. Réalisée pour Louis-Philippe, duc d'Orléans (1773-1850), futur Philippe Ier.
[101] Vinsac, Salières, in *Cahiers de salières*, Paris, Bibliothèque du musée des Arts Décoratif, album Maciet.
[102] Anne Vallayer-Coster, *Nature morte au homard*, 1781, huile sur toile, 70x88 cm, Toledo, museum of Art.

On retrouve cet accessoire dans la *Nature morte au jambon*[103] de Desportes. La seule différence se situe dans l'absence de pieds supportant le récipient dans la seconde œuvre.

Cet objet est aussi représenté avec le couvercle soulevé, comme on peut le voir également dans *La Récureuse* de Bouys ou dans le *Déjeuner maigre* de Desportes. Cette boîte à épices est intéressante puisqu'on voit les compartiments qui la composent.

Au musée du Louvre, est conservée une boîte à épices, faisant partie d'une paire, fabriquée par Martin Berthe et où l'on retrouve la forme générale décrite *supra*[104].

Reposant sur des pieds, l'objet possède un couvercle marqué par une séparation. Sa forme est caractéristique du premier tiers du XVIIIème siècle. Ces objets seront par la suite réalisés en céramique.

Les huiliers et vinaigriers complètent les accessoires utiles pour l'assaisonnement. L'inventaire de la Couronne mentionne nombre de huiliers et de vinaigriers dont la description n'est pas donnée[105]. La *Nature morte à l'orfèvrerie* de Charles Bouillon montre les

---

[103] Alexandre-François Desportes, *Nature morte au jambon*, 1738, huile sur toile, 72x82 cm, collection particulière.

[104] Martin Berthe, *Boîte à épices* (paire), vers 1720-1721, argent et vermeil, 6x13,5x8,3 cm, Paris, musée du Louvre.

[105] Michèle Bimbenet-Privat, *Les orfèvres et l'orfèvrerie de Paris au XVIIème siècle*, édition des musées de la ville de Paris, Paris, 2002, 2 volumes, tome II, p. 174-175.

accessoires dont le porte-huilier (ainsi que l'huilier et le vinaigrier) en métal.

La réalisation de cet ensemble dans une même matière est rare dans l'iconographie. De façon générale, le porte-huilier est fabriqué en métal ou en céramique et les carafes qui contiennent l'huile et le vinaigre sont en cristal ou en verre.

Rappelons que cet accessoire est un élément des surtouts de table et, lorsque c'est le cas, sa forme et sa décoration sont en rapport avec celles du surtout comme le montre un projet de porte-huilier réalisé par Meissonnier, et qui se retrouve dans le *Projet de Sculpture en argent d'un grand Surtout de Table et les deux Terrines qui ont été exécutés pour le Milord Duc de Kinston en 1735* du même artiste.

Dans le *Déjeuner de chasse* de Jean-François de Troy, un serviteur tient un huilier-vinaigrier en argent avec une décoration de godrons et des carafes en verre.

André Bouys, dans sa *Collation au melon*[106] et sa *Nature morte à la jeune fille*[107] ainsi qu'Anne Vallayer-Coster dans sa *Nature morte au homard*, présentent des huiliers-vinaigriers réalisés sur le même principe : si les carafes sont en cristal, les bouchons sont en métal.

---

[106] André Bouys, *La Collation au melon*, huile sur toile, 63x80 cm, Paris, collection particulière.
[107] André Bouys, *Nature morte à la jeune fille*, toile, 73x81, France, collection particulière.

Ce n'est pas le cas de l'accessoire figuré dans une *Verrière d'argent avec des verres, des maquereaux, un huilier* d'Anne Vallayer-Coster[108]. Sur une base reposant sur des pieds se trouvent les compartiments dans lesquels sont placées les carafes séparées par une sorte de colonne miniature surmontée d'un vase. Les compartiments sont ajourés. Le cercle qui en constitue la partie supérieure rejoint la base par des volutes, reliées entre elles par des festons. Les carafes en cristal contiennent l'une de l'huile et l'autre du vinaigre : elles sont munies d'une anse et les bouchons de la même matière sont de forme conique.

La céramique est également utilisée pour la fabrication des porte-huiliers, comme on peut le voir dans la *Table de cuisine* de Claude-Joseph Fraichot[109]. Par ailleurs, l'inventaire après décès de Madame de Pompadour confirme cette existence d'un porte-huilier en métal ou en céramique et d'huiliers et vinaigriers en cristal[110].

---

[108] Anne Vallayer-Coster, *Verrière d'argent avec des verres, des maquereaux, un huilier*, 1787, huile sur toile, 49,5x61 cm, Hollande, collection particulière.

[109] Claude-Joseph Fraichot, *Table de cuisine*, toile, 61x102 cm, Suisse, collection particulière.

[110] « 388. Un huiller : les deux carafes de cristal […] / 655. Deux huiliers garnis de leurs carafes de cristal […] / 691. Un huillier avec carafe de cristal garnie en bronze doré […] / 1299. Deux huiliers et leurs carafes de cristal, montés en bronze doré […] / 1757. Deux huilliers, avec carafes de cristal sur son plateau blanc, garny de bronze doré […] », Jean Cordey, *Inventaire des biens de madame de Pompadour*, rédigé après son décès, Paris, 1939.

Les accessoires que l'on a vus jusqu'à présent concernaient les premiers services des repas ou collations. Il en existe également d'autres également pour le service du dessert ou pour les rafraîchissements (consommation de boissons exotiques ou de liqueurs).

Service et consommation des boissons exotiques et rafraîchissements

Le sucrier présent dans la *Nature morte à l'orfèvrerie* de Charles Bouillon est d'une forme quasiment cylindrique. Sur un piédouche godronné, la partie inférieure du corps est décorée alors que la partie supérieure est lisse. Une moulure de godrons sépare le corps du dôme.

Cette forme se retrouve dans un *Repas de gens de qualité*, gravé par Nicolas Bonnart, sur une étagère du buffet[111].

Les sucriers figurés dans l'iconographie ont généralement une forme moins cylindrique : sur un piédouche repose le corps du sucrier, dont la partie inférieure renflée supporte le dôme.

Présentant quelques variations, c'est cette forme que l'on retrouve dans le *Dessert*[112] et la *Collation aux*

---

[111] Nicolas Bonnart, *Repas de gens de qualité*, Paris, Archives nationales.
[112] André Bouys, *Le Dessert*, toile, 57x70 cm, France, collection particulière.

pêches[113] d'André Bouys ou dans la *Table servie au fromage*[114] de Claude-Joseph Fraichot.

Une même sobriété décorative est visible dans ces objets s'étalant sur l'ensemble du XVIIIᵉᵐᵉ siècle.

En étudiant des projets et des objets conservés, on note une complication de la décoration. Il en est ainsi de la paire de sucriers[115] ayant certainement appartenu à Madame de Pompadour[116].

---

[113] André Bouys, *La Collation aux pêches* (pendant de la *collation aux huîtres*), toile, 58x72 cm, Paris, collection particulière.

[114] Claude-Joseph Fraichot, *Table servie au fromage*, toile, 74x97 cm, musée de Besançon.

[115] *Sucriers*, vers 1745-1750, Malibu, Paul Getty Museum.

[116] « Chacun des sucriers est constitué d'un magot chinois, en bronze laqué, vêtu d'une tunique bleue et rouge rehaussée d'or, et portant sur son dos une botte de cannes à sucre en argent massif, sur la terrasse de bronze sont disposées quelques plantes exécutées en argent ; les cannes à sucre, percées en leur extrémité, font office de saupoudoirs. La paire semble d'une inspiration très proche de celle de deux sucriers d'argent massif figurant un couple d'esclaves américains provenant du duc de Bourbon, peut-être réalisés par Claude II Ballin vers 1730-1740. Les deux sucriers du musée Getty peuvent être rapprochés d'une mention du Livre-Journal de Lazare Duvaux, du 9 septembre 1752 : "1231. Madame la marquise de Pompadour : (…) Remis à neuf et rétabli deux figures vernies portant des cannes à sucre, fait reblanchir lesdites cannes d'argent & fleurs, 24 livres". Toutefois, les deux sucriers ici exposés ne sont pas uniques en leur genre ; une autre paire très comparable, en argent laqué noir et or, figurant aussi deux magots chinois, est conservé à Hartford, au Wadsworth Atheneum. Il est difficile d'affirmer laquelle des deux paires a appartenu à madame de Pompadour, d'autant plus qu'il en existait d'autres. » Xavier Salmon (sous la direction de), *Madame de Pompadour et les arts*, musée national des châteaux de Versailles et Trianon,

Deux sucriers, réalisés sur le même principe montrent des indiens, un homme et une femme portant sur leurs dos des cannes à sucre trouées permettant de verser le sucre en poudre[117].

Le sucre sert à la consommation des boissons exotiques pour lesquelles des accessoires ont été créés : le café, le thé et le chocolat.

À l'origine, le café est consommé à la turque, c'est-à-dire en faisant bouillir l'eau et le café ensemble, entraînant ainsi la création de la cafetière.

Le chocolat, quant à lui, doit être remué avec l'eau ou le lait tout au long de sa préparation, d'où l'invention de la chocolatière (apparemment française). C'est le même accessoire qui est utilisé pour la préparation du café : la différence consiste à introduire un moulinet (moussoir) par le trou aménagé au-dessus du couvercle.

Cette pratique est attestée par la gravure intitulée *Un Cavalier, Et une Dame beuvant du Chocolat* de Nicolas Bonnart[118]. Une femme, debout, tient un moussoir qu'elle fait tourner entre ses mains.

---

14 février-19 mai 2002, Kunsthalle des Hypo-Kulturstifung, Munich, 14 juin-15 septembre 2002, National Gallery, Londres, 16 octobre 2002-12 janvier 2003, Réunion des musées nationaux, Paris, 2002, p. 365.

[117] *Sucriers*, vers 1730-1740, argent fondu et ciselé, Paris, musée du Louvre.

[118] Nicolas Bonnart, *Un Cavalier, Et une Dame beuvant du Chocolat*, Paris, Bibliothèque nationale de France, cabinet des Estampes.

La préparation du thé est à l'origine presque identique : on verse de l'eau bouillante sur les feuilles de thé dans une tasse en porcelaine ou plus souvent en terre. C'est principalement le goût pour la porcelaine chinoise qui a incité à la création de la théière.

Comme pour les sucriers, la décoration de ces accessoires est surtout visible dans les projets de cafetières, chocolatières et théières. L'iconographie reste plus sobre dans ses représentations.

Les récipients servant à la préparation du café et du chocolat sont identiques. Ils présentent généralement un corps renflé, muni ou non de pieds, qui se rétrécit à la hauteur du col surmonté d'un couvercle. Le bec se trouve soit en haut du récipient soit dans sa panse. Dans le premier cas, il fait partie du col ; dans le second, c'est une sorte de bec effilé qui rappelle le goulot des théières. Pour attraper la cafetière ou la chocolatière une anse ou un manche est ajouté sur la panse.

La théière est un

« récipient verseur, en métal ou en céramique, à goulot et anse latérale, servant à faire infuser le thé et à le servir. La théière, de forme pansue, comporte en général une petite laque perforée formant filtre au départ intérieur du goulot.[119] »

L'Inventaire du Mobilier de la Couronne mentionne, sans pour autant les décrire avec précision, une

---

[119] Catherine Arminjon, Nicole Blondel, *Objets civils domestiques. Vocabulaire*, Ministère de la culture. Inventaire général des monuments de la France, Paris, 1984, p. 176.

quinzaine de cafetières et de chocolatières, mais ne cite aucune théière.

La tendance s'inverse avec l'inventaire après décès de Madame de Pompadour qui cite une dizaine de cafetières et chocolatières et une trentaine de théières. Cette inversion est confirmée par le *Livre-Journal* de Lazare Duvaux qui mentionne moins de dix cafetières et chocolatières, dont certaines, sont destinées au souverain, et cite une centaine de théières dont la plupart font partie d'un service.

Concernant les cafetières et chocolatières, si plusieurs formes coexistent, sous le règne de Louis XIV, les représentations privilégient les objets reposant sur des pieds, et possédant un goulot et un manche comme on peut le voir dans *Un Cavalier, Et une Dame beuvant du Chocolat* ou dans la *Dame qui prend du café*[120] de Bonnart.

En revanche, un projet de cafetière pour le roi montre un récipient posé sur des pieds, muni d'un bec et d'une anse en forme de volute[121]. Par la suite, les formes continuent de coexister mais les artistes représentent plus souvent des récipients reposant sur trois pieds, munis d'un manche et d'un bec.

Plusieurs exemples tout au long du XVIIIème siècle en attestent : le *Déjeuner*[122] de François Boucher, la

---

[120] Robert Bonnart, *Dame qui prend du Café*, estampe, Paris, BnF.
[121] *Projet de cafetière pour le roi Louis XIV*, dessin, Stockholm, Nationalmuseum.
[122] François Boucher, *Le Déjeuner*, 1739, huile sur toile, 81,5x65,5 cm, Paris, musée du Louvre.

Famille dans un jardin[123] de Nicolas Lancret, une *Nature morte aux instruments de musique*[124] d'Alexandre-François Desportes, *L'Amant écouté*[125], dont l'auteur est anonyme, la *Famille Gohin*[126] et la *Tasse de café* ou *Portrait de la famille Beaumarchais-Lépine*[127] de Léopold Boilly.

Il existe donc une certaine persistance dans la forme sur plus d'un siècle. Là encore, si une forme simple est le plus souvent représentée, des variations existent comme le montre la chocolatière réalisée par Jean-Jacques Ehrlen[128] ; elle possède une anse au lieu d'un manche et sa décoration est riche, fait rare dans les illustrations de cafetières ou de chocolatières.

On peut cependant remarquer la cafetière illustrée dans la *Nature morte à la verseuse d'argent* d'Anne Vallayer-Coster dont la panse n'est pas lisse

---

[123] Nicolas Lancret, *Famille dans un jardin*, vers 1742, huile sur toile, 88,9x97,8 cm, Londres, The National Gallery.

[124] Alexandre-François Desportes, *Nature morte aux instruments de musique*.

[125] Anonyme, *L'Amant écouté*, Paris, Bibliothèque nationale de France, cabinet des Estampes.

[126] Louis-Léopold Boilly, *La Famille Gohin*, 1787, huile sur toile, 94x135 cm, Paris, musée des Arts Décoratifs.

[127] Louis-Léopold Boilly, *La Tasse de café* ou *Portrait de la famille Beaumarchais Lépine dans une intérieur avec l'écrivain Pierre Augustin Caron de Beaumarchais et son arrière-petit-neveu Alexandre Raguet Lépine*, huile sur toile, 45,5x55 cm, marché de l'art, Drouot, 1999.

[128] Jean-Jacques Ehrlen, Chocolatière, 1749, argent doré, Paris, musée du Louvre.

contrairement aux objets cités plus haut[129]. On conserve, de nos jours, des cafetières dans ce style.

Un dernier point est à noter concernant l'iconographie : le changement dans la forme de la chocolatière du tableau de Jean-Baptiste Le Prince, intitulé *La Crainte*[130]. La taille de la chocolatière, dont le moussoir dépasse du couvercle, est plus grande que celle qu'on a pu voir jusqu'à présent, et sa forme est pratiquement cylindrique.

Les formes de la théière présentent moins de variations et les changements résident quelquefois dans la panse, mais surtout dans la forme du bec (droit ou ondulé, court ou long) et dans celle de l'anse.

Celle-ci peut se trouver sur le côté de la panse comme on peut le voir dans la *Dame qui prend du thé*[131] de Chardin, dans le *Déjeuner anglais*[132], dans le *Thé à l'anglaise dans le salon des quatre glaces au Palais du Temple en 1766 à Paris*[133] de Barthélémy Ollivier, ou au-dessus, comme c'est le cas de l'enseigne de Gersaint, d'après

---

[129] Anne Vallayer-Coster, *Nature morte à la verseuse d'argent*, 1767, huile sur toile, 45x55 cm, Londres, collection D.

[130] Jean-Baptiste Le Prince, *La Crainte*, 1769, huile sur toile, 50x64 cm, The Toledo museum of Art.

[131] Jean-Siméon Chardin, *La Dame qui prend du thé*, 1735, huile sur toile, 80x101, Glasgow, Hunterian Museum and Art Gallery.

[132] *Le Déjeuner anglais*, gravure, Paris, bibliothèque du musée des Arts Décoratifs, album Maciet.

[133] Michel-Barthélémy Ollivier, *Le Thé à l'anglaise dans le salon des quatre glaces au Palais du Temple en 1766 à Paris*, 1777, huile sur toile, Versailles, musée national du Château.

une composition de François Boucher, *À la Pagode*[134] et de l'aquarelle de Carmontelle intitulée *Madame de Montesson, Madame du Crest et Madame de Damas prenant du thé dans un jardin*[135].

Cafetières, chocolatières et théières sont donc des objets de table courants durant le XVIIIème siècle et leur représentation iconographique ne se limite pas aux œuvres de petit format puisqu'on les retrouve par exemple dans la décoration murale de la Grande Singerie du château de Chantilly, alliant goût pour les représentations simiesques et le goût pour l'Extrême-Orient[136].

Ainsi, un premier panneau montre, dans la partie inférieure, une théière, faisant écho aux vêtements chinois dont les singes sont revêtus. Il y a donc un effet de miroir concernant le goût pour l'exotisme mais aussi le goût pour des boissons exotiques devenues courantes par leur consommation[137].

Un autre panneau montre une cafetière à trois pieds, munie d'un manche et d'un bec que l'on peut rapprocher des objets vus précédemment. Dans un esprit ludique et satirique, l'artiste (et avec lui le commanditaire) présente dans ces œuvres un reflet de

---

[134] Caylus d'après François Boucher, *A la Pagode*, 1740, Paris, Bibliothèque nationale de France, cabinet des Estampes.

[135] Louis Carrogis dit Carmontelle, *Madame de Montesson, Madame du Crest et Madame de Damas prenant du thé dans un jardin*, 1773, aquarelle, Paris, musée Carnavalet.

[136] Grande singerie, Château de Chantilly.

[137] Pour une analyse plus poussée sur ce sujet, voir Sandrine Krikorian, *À la table des élites, op. cit.*

ce qui est présent dans les mentalités et dans la vie quotidienne des spectateurs.

Ces boissons exotiques sont servies dans des tasses dont l'acception est large car elle regroupe beaucoup de choses surtout au XVIIème siècle mais aussi au XVIIIème siècle[138].

La terminologie est parfois complexe et il reste difficile de désigner avec exactitude certains de ces accessoires[139]. Par commodité de langage, on désignera donc sous le nom de tasse, les objets munis d'une anse et dont la forme est plus ou moins cylindrique. Quant au mot gobelet, il désignera des objets sans anses, que j'ai distingués, là encore par commodité de langage, en deux catégories : les « gobelets-tasses », droits, et les « gobelets-bols », arrondis.

Dans son *Déjeuner*, François Boucher montre des « gobelets-tasses » et dans la *Famille dans un jardin*, Nicolas Lancret montre des « gobelets-bols » destinés à contenir du café[140].

Une *Nature morte* de Liotard montre ces mêmes objets pour le service du thé : des « gobelets-bols » sont retournés sur leurs soucoupes au premier plan et on en

---

[138] Michèle Bimbenet-Privat, *Les orfèvres et l'orfèvrerie de Paris au XVIIème siècle, op. cit.*, tome II, p. 165-167.

[139] L'inventaire après décès de Madame de Pompadour et le *Livre-Journal* de Lazare Duvaux ne permettent pas de comprendre précisément les différences entre tasses et gobelets puisqu'à plusieurs reprises on trouve le terme de « gobelet à anse ».

[140] François Boucher, *Le Déjeuner*, 1739, huile sur toile, 81,5x65,5 cm, Paris, musée du Louvre.

trouve aussi qui ont déjà été utilisés, l'un contenant du thé[141]. Il est difficile de déterminer quels objets sont utilisés pour telle ou telle boisson

Ainsi, les « gobelets-tasses » du *Déjeuner* de François Boucher sont également utilisés pour la consommation du chocolat dans *La Crainte* de Le Prince. Les personnages de l'œuvre de Carmontelle, *Madame de Montesson, madame Du Crest et Madame de Damas prenant du thé dans un jardin* montrent l'utilisation de tasses pour la consommation du thé.

Cet accessoire est également visible dans *Le Bain*[142] où l'on voit une servante porter une tasse de chocolat (de forme différente) ou dans une *Femme prenant du café*[143] de Jean-Baptiste Bonnet.

L'iconographie semble donc proposer une interchangeabilité entre tasses et gobelets, comme il peut y avoir entre déjeuners et cabarets[144].

Certains accessoires sont pourtant, en pratique, utilisés plus volontiers pour une boisson particulière, comme c'est le cas de la tasse-trembleuse, tasse posée sur sa soucoupe par l'intermédiaire d'un réceptacle qui

---

[141] Jean-Étienne Liotard, *Nature morte*, vers 1781-1783, huile sur toile, Malibu, Paul and Getty Museum.

[142] Romanet d'après Freudeberg, *Le Bain*, Paris, Bibliothèque nationale de France, Cabinet des Estampes.

[143] Louis-Marin Bonnet, *Femme prenant du café*, 1774, gravure, The Metropolitan Museum of Art.

[144] C'est ce que j'explique à partir des déjeuners et cabarets conservés chez madame de Pompadour. Voir Sandrine Krikorian, *À la table des élites. Les repas privés en France de la Régence à la Révolution, op. cit.*

la maintient et souvent destinée à contenir du chocolat[145].

On en trouve un exemple dans la *Servante portant du chocolat* de Liotard[146]. Sur un plateau carré à pieds, se trouvent un gobelet en verre rempli d'eau et une tasse-trembleuse.

Les plateaux accompagnent la plupart du temps ces accessoires, notamment lorsqu'ils font partie d'un déjeuner ou d'un cabaret et peuvent, dans ce cas, être posés sur des tables destinées à cet effet.

Cet élément de mobilier est présent dans le *Déjeuner* où Boucher montre les deux femmes assises autour d'une table cabaret noire (et rouge pour le plateau) dont le tiroir est ouvert.

Quelques années plus tard, dans sa *Table d'office*, Chardin reprend ce motif de la table cabaret, entièrement rouge cette fois-ci, dont le tiroir est ouvert et sur laquelle on peut voir un pot à sucre couvert accompagné de deux tasses sur leurs soucoupes.

Ce mobilier du service de la boisson est déjà présent dans l'iconographie au début du XVIIIème siècle puisque, vers 1700, Desportes réalise une

---

[145] Catherine Arminjon, Nicole Blondel, *Objets civils domestiques. Vocabulaire*, Ministère de la culture. Inventaire général des monuments de la France, Paris, 1984, p. 197.
[146] Jean-Étienne Liotard, *Servante portant du chocolat*, avant 1745, Dresde, Gemäldegalerie.

Double composition avec table de cabaret, vernie rouge[147]. Sur cette table un pot à sucre trône au centre ; il est entouré de « gobelets-bols » retournés sur leurs soucoupes et qui servent au service du café comme l'indique la cafetière posée par terre.

La *Nature morte aux instruments de musique* de Desportes montre un service posé, non pas sur une table ou sur un plateau, mais sur une soucoupe à pied[148].

Ce qu'on appelle soucoupe à pied est un plateau, généralement circulaire, muni d'un pied central. Cet objet est un *topos* de l'iconographie de la première moitié du XVIIIème siècle.

Si le tableau de Desportes montre cette soucoupe à pied portant un service destiné à la consommation des boissons exotiques, elle est, en général, utilisée pour le service d'autres rafraîchissements (liqueurs).

Dans *Le Duc et la Duchesse de Bourgogne servis par Madame du Lude*, cette dernière, debout, tient la soucoupe par le pied ; dessus se trouvent deux verres et deux carafes[149].

---

[147] Alexandre-François Desportes, *Double composition avec table de cabaret, vernie rouge*, vers 1730, huile sur toile, Paris, musée des Arts Décoratifs, dépôt Sèvres.

[148] Alexandre-François Desportes, *Nature morte aux instruments de musique*.

[149] Nicolas Arnoult, *Le Duc et la duchesse de Bourgogne, servis par Madame du Lude*, gravure coloriée.

C'est aussi par le pied que cette soucoupe est tenue par les serviteurs dans les *Plaisirs du Bal*[150] d'Antoine Watteau, les *Délassements de la campagne*[151] de Jean-Baptiste Pater, la *Danse dans un pavillon*[152] de Nicolas Lancret ou encore le *Déjeuner de chasse*[153] de François Boucher.

Dans les représentations de repas, collations ou rafraîchissements, cet accessoire est porté par des serviteurs qui le présentent aux convives ; dans les natures mortes, la soucoupe à pied est posée sur une table.

André Bouys, dans le *Dessert*, montre cet accessoire sur lequel se trouvent deux verres à pied et deux carafes, également en verre. Aucun décor n'orne la soucoupe, ce qui n'est pas le cas de la plupart des autres tableaux.

La décoration de cet accessoire est souvent constituée de godrons ornant le pied et le pourtour du plateau qui le surmonte. Elle est visible dans plusieurs tableaux de Desportes, notamment dans la *Nature morte*

---

[150] Antoine Watteau, *Les Plaisirs du bal*, vers 1717, huile sur toile, 53x66 cm, Londres, Dulwich Picture Gallery.

[151] Jean-Baptiste Pater, *Les Délassements de la campagne*, vers 1720-1736, huile sur toile, 75,5x100 cm, Valenciennes, musée des Beaux-Arts.

[152] Nicolas Lancret, *La Danse dans un pavillon*, vers 1740, Postdam, Neues Palais.

[153] François Boucher, *Le Déjeuner de chasse*, vers 1737-1739, huile sur toile, 61x40 cm, Paris, collection particulière.

au jambon[154] ou le *Déjeuner maigre*. D'autres œuvres figurent aussi une soucoupe à pied mais dont le plateau est, cette fois, à pans.

Cette forme est représentée par Oudry dans le *Loup mort*[155] ou la *Nature morte au buste de l'Amérique*[156]. On peut établir une ressemblance entre ces objets transcrits et d'autres conservés de nos jours[157].

L'évolution du style, de la forme et de la décoration des objets de table qui suit généralement les goûts en vogue montre une adéquation entre les objets transcrits dans les œuvres d'arts (repas, natures mortes), les objets conservés et les projets à l'état de dessin ou de gravure, en ce qui concerne les accessoires de grandes dimensions (surtouts, girandoles, pots à oille et terrines).

---

[154] Alexandre-François Desportes, *Nature morte au jambon*, 1738, huile sur toile, 72x82 cm, collection particulière.
[155] Jean-Baptiste Oudry, *Le Loup mort,* 1721, huile sur toile, 190,5x255,3 cm, Londres, Wallace collection.
[156] Jean-Baptiste Oudry, *Nature morte au buste de l'Amérique*, 1722, huile sur toile, 178x142 cm, Versailles, musée national du Château.
[157] Une soucoupe est d'ailleurs conservée dans les collections de Bavière et on la trouve reproduite dans le catalogue d'exposition sur *Versailles et les tables royales en Europe. XVIIème-XIXème siècles*, Paris, Éditions de la Réunion des Musées nationaux, 1993.

Pour les autres objets, cette adéquation est seulement visible entre les projets et les objets conservés (salières, sucriers) et on note une certaine persistance des objets représentés, dont l'iconographie ne conserve pas d'évolution formelle, stylistique ou décorative.

Il existe également une recherche, principalement dans le renouvellement des formes et de la décoration, qui transparaît dans la nature morte d'apparat.

LES ACCESSOIRES DE TABLE DANS LES TRAITÉS FRANÇAIS DES XVIIème ET XVIIIème SIÈCLES

L'iconographie des accessoires de table dans l'art des XVIIème et XVIIIème siècles vue dans le chapitre précédent concerne les peintures, gravures isolées, dessins, etc. Malgré les différences de support, de commanditaire ou encore de destinataire, il restait cohérent de les analyser ensemble afin de les répertorier et de présenter un panorama large de leur transcription iconographique.

Cependant, en raison des destinataires (commanditaire particulier, projet de travail, etc.), de leur caractère propre et de la volonté normative de ces livres, il a paru pertinent de consacrer une étude à part pour ce qui concerne les gravures illustrant les traités culinaires de l'Ancien Régime afin d'en dresser une typologie globale et de relever leur intérêt décoratif.

Les surtouts de table

Les accessoires illustrés dans les traités peuvent être plus ou moins variés mais l'un des plus courants est le surtout de table.

Ainsi Gilliers, dans *Le Cannameliste français* publié en 1751, représente six surtouts (planches 11 et 13)[158]. Il définit le surtout comme étant

« une machine d'argent que l'on met dans le milieu d'une table pendant tous les services : on la garnit ordinairement d'huiliers, de sucriers, de citrons & de bigarades que l'on fait avec des ouvrages d'Office, & que l'on décore avec du caramel du pastillage et des fleurs artificielles.[159] »

Sa définition indique donc que les mets sucrés et les fleurs participent à l'effet visuel que doivent produire les surtouts. Ceux qui sont proposés ici sont presque tous de forme pyramidale et leur caractéristique commune est la présence de personnages (*putti* ou Chinois).

L'un de ces milieux de table est même construit de façon architecturale (planche 11), combinant monuments et personnages. Une certaine complexité prédomine dans ces surtouts montrés indépendamment les uns des autres. Quelquefois, ils peuvent être insérés dans leur contexte, c'est-à-dire dans les plans de table.

---

[158] Pour une étude linguistique et artistique des surtouts et dormants en France au XVIIIème siècle, voir Sandrine Krikorian, « Les surtouts de table au XVIIIème siècle : un langage visuel artistique et patriotique », *op. cit.*

[159] Gilliers, *Le Cannameliste français ou nouvelle instruction pour ceux qui désirent apprendre l'Office, rédigé en forme de dictionnaire, contenant les Noms, les descriptions, les usages, les chois, & les principes de ce qui se pratique dans l'Office. Par le sieur Gilliers, chef d'office & distillateur de Sa Majesté le Roi de Pologne, Duc de Lorraine & de Bar.*, chez l'auteur, Nancy, 1751, p. 227. Gilliers précise que le surtout est en argent, or ce postulat est loin d'être toujours respecté.

Ainsi, Massialot, dans son traité intitulé *Nouvelle instruction pour les confitures, les liqueurs et les fruits* (édition de 1740), présente plusieurs planches. L'une d'elles, une table de petite taille dressée, est ordonnée avec symétrie.

De part et d'autre d'un dormant central, composé de plusieurs pyramides de fruits et confitures, deux plats identiques sont également constitués de plusieurs éléments, le tout en forme de pyramide. Devant et derrière se trouvent deux plats creux comportant des confitures. Enfin, des petites assiettes complètent le reste du décor.

Une autre table, de plus grandes dimensions, montre au centre un surtout autour duquel les autres plats sont disposés symétriquement. En forme de pyramide, il est accompagné d'un récipient rempli de fleurs, posé au centre d'un plateau, de sucriers à gauche et à droite, de quatre petits salerons aux quatre coins et d'un huilier et d'un vinaigrier qui entourent certainement une boîte à épices.

Même si une partie du surtout n'est pas visible, on peut pallier cette lacune par la comparaison avec un autre surtout du même auteur, qui présente des objets parfaitement identiques dans leur disposition et dans leur forme, excepté l'élément central. Ce dernier est semblable à une terrine sur pieds en forme de pattes de lion. La partie inférieure est composée de larges stries surmontées d'une bande horizontale ponctuée de masques (sur les quatre côtés). Sur les bords du couvercle partent des bras qui supportent des bougies.

Ces surtouts sont d'une certaine complexité dans leur composition, ce qui n'est pas toujours le cas.

Massialot présente un autre surtout très simplifié intitulé *Surtout de table des plus leste pour les Desserts*. Posé sur trois pieds, dont partent (pour au moins deux d'entre eux) des bras de girandoles qui se divisent en deux à leurs extrémités, un récipient est rempli de fruits (melons, pêches, raisins). Ce récipient est composé de plusieurs bandes horizontales dont la partie centrale est décorée assez précieusement : de part et d'autre du médaillon, des plaques de différentes formes ornent la panse et des masques se trouvent aux extrémités.

Toutefois, l'intérêt de ce surtout est ailleurs. Vincent La Chapelle a publié en 1742 (volume 4) une deuxième édition de son ouvrage (la première date de 1735) intitulé *Le cuisinier moderne* dans lequel on retrouve un surtout quasiment identique, dont le titre est en anglais : *Surtout to be left upon the Table till the Dessert is served*[160].

Seuls quelques éléments insignifiants divergent ; les fruits sont identiques mais présentent une disposition inverse. Il n'y a que deux pieds au lieu de trois et les bras des girandoles sont simples et non doubles.

La forme et la décoration sont les mêmes, ce qui prouve l'influence, sinon le plagiat des auteurs de

---

[160] Vincent La Chapelle a travaillé comme chef cuisinier en Angleterre pour le comte de Chesterfield et a publié *The Modern Cook* en 1733.

traités culinaires les uns sur les autres, plagiat attesté par ailleurs par la copie de passages entiers concernant les recettes de cuisine elles-mêmes. Ces reprises attestent l'importance d'ornements utilitaires comme les surtouts.

Les plats

Vincent La Chapelle présente également des plans de table. Le détail de la planche intitulée *Modelle des Plats, tant Grants, moyens que petits, qu'il faut pour bien servir une table* propose une succession de douze plats de différentes tailles et formes qui sont une sorte de légende aux plans de table eux-mêmes. Sur chaque plat est inscrite la fonction de chacun d'eux[161].

Contrairement à la plupart des accessoires représentés sur les plans de table dans d'autres livres de cuisine, les accessoires sont ici indiqués très soigneusement. On trouve des plats pour les entremets[162], pour le potage[163], pour le service de

---

[161] Le mot fonction est utilisé par Jean-Louis Flandrin, *L'ordre des mets*, Odile Jacob, Paris, 2002, p. 17.

[162] Plat à bord coupé octogonal et mouluré sans anse.

[163] Plat circulaire à bord lobé et mouluré, comportant deux anses, qui est très proche des plats à ragoûts. Voir Catherine Arminjon, Nicole Blondel, *Objets civils domestiques. Vocabulaire*, Ministère de la culture. Inventaire général des monuments de la France, Paris, 1984 « plat ».

milieu[164], pour la grosse pièce[165], pour la jatte[166], pour le rôt[167]. On a également deux plats pour les grosses entrées[168], un pour la petite entrée[169] et deux pour les hors-d'œuvre[170]. Pour finir, est également figurée une caisse (plat en papier dans lequel on sert certains mets)[171].

Ce *Modelle des Plats* permet donc de mieux comprendre et de décrypter la disposition visible sur les modèles de plans de table, comme pour la *Table de quinze à seize Couverts*.

Outre les plats décrits précédemment, on peut y voir également deux paires de terrines ou pots à oille disposées symétriquement par rapport au service de milieu. Vincent La Chapelle présente ces objets sur des planches séparées.

---

[164] Plat rectangulaire à bord mouluré sans anse dont les deux plus petits côtés sont lobés.

[165] Plat ovale à bord lobé et mouluré avec deux anses.

[166] Plat dont la forme est presque semblable à celle du service de milieu.

[167] Plat ovale à bord lobé et mouluré sans anse.

[168] L'un est un plat circulaire à bord coupé décagonal et mouluré sans anse et l'autre un plat circulaire à bord lobé et mouluré sans anse.

[169] Plat identique au second plat pour la grosse entrée mais de plus petite taille.

[170] L'un est le même que pour l'entremets mais de plus petite taille et l'autre un plat circulaire à bord lobé non mouluré sans anse.

[171] Plat de forme rectangulaire à bord lobé et mouluré dont la décoration se développe également sur les rebords.

Les terrines et pots à oilles

L'une d'elles est intitulée *Terrine or Olio* tandis que l'autre est sans titre. Il semble, cependant, que la première paire soit composée plutôt de terrines et la seconde de pots à oille.

La planche représentant la terrine montre un récipient oblong sur pieds, en forme de volutes perlées. Elle est montrée sur sa longueur. Le pied central, très court, interrompt les acanthes qui constituent la base de la décoration du récipient. Au-dessus de ce pied se trouve un écusson, surmonté d'une couronne, et duquel partent des feuilles. Les pieds latéraux continuent jusqu'à la partie supérieure du récipient et se terminent par des têtes de sanglier. Le couvercle est zoomorphe : différents animaux forment la base du couvercle et un oiseau de proie dévore un lapin. La terrine étant utilisé pour le service de viandes, on peut voir le lien entre le décor du couvercle et le contenu.

Quant à la seconde planche, elle représente un pot à oille vu de face ; celui-ci est presque aussi haut que large. Ses pieds en forme de volutes se terminent avec des feuilles semblables à des coquilles. Cette décoration est reproduite au centre du pot à oille entre les pieds. De la coquille centrale, partent des feuilles de vigne et des grappes de raisin, sur un fond de losanges alternant reliefs et vides. Au-dessus, un écusson, composé d'un médaillon non décoré et d'aigles aux ailes éployées est également surmonté d'une couronne (la même que celle de la terrine). Les anses sont soutenues par des animaux. À gauche, est figurée une sorte d'animal hybride (tête d'oiseau, pattes d'insectes, corps recouvert d'une carapace) et à droite une écrevisse. Enfin, la prise du couvercle représente un gros artichaut d'où partent d'autres artichauts plus petits.

Autres accessoires

Les objets des ouvrages de Massialot et de Vincent La Chapelle sont relativement homogènes (surtouts, terrines, pots à oille) lorsqu'ils se trouvent présentés sur des planches séparées ou sur des plans de table.

Il n'en est pas toujours de même comme on a pu le mentionner pour *Le Cannameliste français*. Gilliers présente des objets plus variés et les agence (mis à part les surtouts) de façon quelque peu anarchique à l'intérieur de plusieurs planches.

Ainsi, la planche 1 propose indifféremment un bouilloir et une cafetière, des couteaux d'office, des moules et divers autres ustensiles de cuisine et d'office. Même les verres et gobelets, en assez grand nombre, ne sont pas regroupés sur une seule planche mais répartis sur plusieurs d'entre elles (planches 2 et 3).

L'ouvrage de Gilliers n'est cependant pas une exception. La composition des planches de l'*Encyclopédie* de Diderot et d'Alambert est également variée, anarchique mêlant objets profanes et sacrés. La planche IV sur l'orfèvrerie et la joaillerie présente quatre pièces : deux flambeaux, une terrine et une « Burre pour les évêques » ! Même les planches possédant des pièces d'orfèvrerie profane sont hétérogènes : sur la planche VII coexistent des cafetières et une boîte à savonnette, un couvert (fourchette et cuillère) avec un bassin à barbe.

Certains accessoires sont représentés plus souvent que d'autres : il s'agit principalement de la vaisselle liée au service et à la consommation des boissons exotiques.

Les cafetières, chocolatières et théières

L'*Encyclopédie* propose aux planches VII et V deux théières. La première (planche VII) est de forme et de décoration très simples : le vase arrondi à la base s'amincit vers le haut. Il est surmonté d'un couvercle et possède une anse et un long goulot. La seconde (planche V) est plus complexe : le décor est de style rocaille (coquilles, irrégularité du contour). Cependant, la forme générale et les éléments qui la composent sont identiques.

Gilliers propose, quant à lui, un bouilloir qui est « un meuble d'Office en façon de grande théière, dans lequel on met chauffer de l'eau pour s'en servir au besoin[172] », dont la

---

[172] Gilliers, *Le Cannameliste français ou nouvelle instruction pour ceux qui désirent apprendre l'Office, rédigé en forme de dictionnaire, contenant les Noms, les descriptions, les usages, les chois, & les principes de ce qui se pratique dans l'Office. Par le sieur Gilliers, chef d'office & distillateur*

différence avec les théières de l'*Encyclopédie* concerne l'anse qui réunit les deux extrémités du vase et ne se trouve pas de l'autre côté du goulot.

L'ouvrage de Blégny consacré uniquement à ces boissons possède des planches présentant des accessoires liés aux boissons exotiques. Une seule intitulée *Pots à préparer le thé* traite de cette boisson. L'auteur la décrit ainsi :

> « elle represente à la premiere Figure la forme des pots à Thé, qu'on fait faire en Europe de la grandeur que l'on veut, de vermeil doré, d'argent ou d'étain. La deuxiéme fait voir un des pots de la Chine de terre sizelée simple, enfin les 3, 4 & 5 representent trois differens pots de terre la même montez sur des lampes à consolles de Leton doré, ou seulement plané & bruny, que j'ay inventées pour l'ornement & pour la commodité, ny ayant rien de plus propre sur des cabinets & sur des cheminées, & le Thé pouvant être fait tres agreablement sur la table même où l'on mange, ou en tout autre endroit que l'on veut, au moyen d'une meche imbibée d'Esprit de vin, qu'on met dans la file de la lampe.[173] »

En ce qui concerne le café, les planches issues de l'ouvrage de Blégny sont plus nombreuses mais seulement deux nous intéressent ici[174].

---

de Sa Majesté le Roi de Pologne, Duc de Lorraine & de Bar, chez l'auteur, Nancy, 1751, p. 22.

[173] Nicolas de Blégny, *Le bon usage de thé du café et du chocolat pour préserver la santé et guérir les maladies*, s.n., Paris, 1687, p. 305-306. Dans ce cas, comme pour la définition de Gilliers concernant les surtouts, « le vermeil doré, [l']argent ou [l']étain » ne sont pas les seuls matériaux utilisés.

[174] Les œuvres des ouvrages de Blégny et Dufour sont davantage explicitées dans le chapitre suivant : « Le thé et le café dans l'art français aux XVIIème et XVIIIème siècles ».

La première, intitulée *Caffetiere de diverses formes* montre quatre cafetières de formes très simples. Celles de gauche possèdent un goulot (l'un est court et droit, l'autre long et courbé) ; celles de droite ont un bec et des pieds qui supportent le vase.

Ce second cas semble plus fréquent. En effet, la planche VII de l'*Encyclopédie* en propose deux (l'une avec pieds et l'autre sans) et *Le Cannaméliste français* définit la cafetière comme étant « un vase d'argent dans lequel on met le café pour le servir[175] ».

La seconde planche, tirée du *Bon usage du thé, du Café & du Chocolat*, est intitulée *Cabarets à Caffé*. Blégny la décrit ainsi :

> « la premiere Figure represente un cabaret à Caffé, qui ne sçauroit être bien seant sans être d'argent, & celuy de la deuxiéme figure, est ordinairement de veritable lachinage ; mais que néanmoins nos Ebenistes en font de façon de la Chine, qui ne laissent pas d'être tres propres & tres honnestes, & qui sont comme les veritables Chinois, ou carres, comme celuy dont je parle, ou Octogones, ou ronds, ou de diverses autres formes.[176] »

Le premier cabaret est composé d'un plateau sur pieds, de forme circulaire, sur lequel reposent des « gobelets-bols » de différentes tailles disposés symétriquement par rapport à un récipient central[177]. La seconde est une sorte de plateau rectangulaire sur

---

[175] Gilliers, *op. cit.*, p. 25.

[176] Nicolas de Blégny, *op. cit.*, p. 313-314.

[177] Pour l'emploi de ce terme de « gobelet-bol », voir le chapitre précédent : « Les accessoires de table dans l'iconographie de Louis XIII à Louis XVI ».

lequel sont disposés aux quatre angles concaves des « gobelets-bols » et leurs soucoupes avec au centre un récipient de plus grande taille.

Gilliers propose également un cabaret (planche 2) qu'il définit comme étant « un meuble d'Office sur lequel on sert & porte les tasses à caffé.[178] » Si les cabarets reproduits par Blégny sont d'une forme assez simple, Gilliers complique, à l'infini, la forme du sien par des jeux de courbes et contre-courbes.

L'iconographie des accessoires dans les traités est donc principalement centrée sur les surtouts, pots à oille et terrines, ainsi que sur les accessoires utilisés pour la préparation et le service des boissons exotiques ; ces accessoires sont ceux où les jeux de forme et de décoration sont les plus significatifs.

––––––––––––––––––––––––

[178] Gilliers, *op. cit.*, p. 24.

Le thé et le café dans l'art français aux XVIIème et XVIIIème siècles

Le café et le thé dans la France du XVIIème siècle sont des boissons qui commencent à peine à apparaître. Le café, qui vient du Levant, a été introduit en France en 1644 ; quant au thé, son apparition en provenance de l'Extrême-Orient, date de la fin du règne de Louis XIII[179].

En effet, bien que venant d'aires géographiques différentes, ces boissons arrivent en France à peu près au même moment et sont, dans l'esprit des contemporains, indissociables les unes des autres. On peut en prendre pour preuves, et exemples les plus éloquents, les deux ouvrages publiés à leurs sujets.

Le premier, intitulé *De l'usage du caphé, du thé et du chocolate*, a été publié par Philippe Sylvestre Dufour en 1671 et a fait l'objet d'une réédition sous le titre *Traitez nouveaux & curieux du café, du thé et du chocolate* en 1685.

---

[179] Le chocolat ne rentre pas dans le cadre de ce chapitre mais fait partie, au même titre que le café et le thé, des boissons dites exotiques.

Le second livre a pour titre *Le bon usage du thé, du café et du chocolat* de Nicolas de Blégny en 1687[180].

J'ai déjà publié une étude globale concernant la consommation de ces boissons à la cour de France et dans les hautes sphères de la société. Ce travail avait pour but de montrer les pratiques de consommation au XVIIIème siècle de ces boissons mais seulement à travers les seuls portraits quotidiens et les scènes de genre[181].

L'analyse est ici uniquement axée sur le café et le thé - la représentation de la consommation de chocolat étant beaucoup moins importante ; elle concerne la totalité des genres picturaux (portraits, scènes de genre, natures mortes), des autres techniques et supports (gravures, céramiques, tapisseries), ceci afin de saisir l'évolution et les dynamiques à travers le temps.

Pour ce faire, l'étude se divise chronologiquement, en suivant ainsi l'histoire de ces boissons sous les règnes des trois souverains qui se sont succédé et sous lesquels le thé et le café apparaissent et se développent.

---

[180] Pour plus de détails, se référer au chapitre précédent : « Les accessoires de table dans les traités français des XVIIème et XVIIIème siècles ».

[181] Sandrine Krikorian, *À la table des élites. Les repas privés en France de la Régence à la Révolution*, Presses Universitaires de Provence, collection Le Temps de l'Histoire, Aix-en-Provence, 2013

Présentation des œuvres

C'est sous Louis XIV que l'iconographie et la littérature culinaire abordent pour la première fois le sujet, l'apparition de ces boissons étant récente. Sous le règne de son arrière-petit-fils, Louis XV, la pratique et la consommation du thé et du café se développent et l'iconographie transcrit cette évolution au travers de nombreuses œuvres. Sous le règne du dernier souverain de l'Ancien Régime, Louis XVI, la consommation du café et du thé est enfin établie et, là encore, dans l'iconographie transparaît une certaine évolution.

D'un point de vue quantitatif, une soixantaine d'œuvres éclairantes pour le propos ont pu être recensées sur tous supports[182]. Sous le règne de Louis XIV, environ dix illustrations, isolées (par les frères Bonnart ou Antoine Trouvain par exemple) ou issues de livres culinaires (Nicolas de Blégny ou Philippe Sylvestre Dufour), sont figurées sur un support gravé.

Une trentaine d'œuvres peuvent être dénombrées sous le règne de Louis XV. Les supports se diversifient (rares gravures, peintures, quelques tapisseries et céramiques). Parmi les nombreux artistes figurant le thème, on trouve, entre autres, les peintres les plus

---

[182] Il n'est bien évidemment pas possible de considérer ce nombre comme définitif, une œuvre pouvant être découverte à tout moment mais même dans ce cas, il est fort peu probable que les conclusions de l'étude soient modifiées.

célèbres de leurs temps tels que François Boucher, Nicolas Lancret, Jean-François de Troy, Jean-Siméon Chardin, Alexandre-François Desportes ou encore, Louis Carrogis dit Carmontelle. Scènes de genre, portraits, natures mortes, illustrations que l'on qualifiera d'exotiques se côtoient et se complètent.

Durant le règne de Louis XVI, on décompte une vingtaine d'illustrations peintes, gravées ou plus occasionnellement réalisées en tapisserie ou sur céramique (biscuits ou tableaux), réalisées, pour certaines, par des artistes tels que Louis-Léopold Boilly, Anne Vallayer-Coster ou Jean-Étienne Liotard.

Globalement et concernant ces supports, durant les trois règnes, la peinture prédomine (que ce soit la peinture de chevalet ou la peinture murale), avec environ quarante œuvres. Une dizaine de gravures ont été trouvées et une dizaine d'œuvres ont été réalisées sur les autres supports (céramiques peintes ou sculptées et tapisseries).

Louis XIV : entre volonté normative et attestation d'usages

Les premières apparitions figuratives de la consommation du café et du thé sont en fait issues d'ouvrages dont elles illustrent le texte. Ce sont des planches gravées qui présentent pour la plupart les ustensiles nécessaires à la préparation et à la consommation de ces boissons comme c'est le cas pour l'ouvrage de Nicolas de Blégny qui figure des cafetières, des théières ou encore des cabarets à café.

Les planches illustrant cet ouvrage présentent un intérêt théorique certain car elles permettent d'avoir une idée des formes et des styles des objets utilisés à cette époque pour la préparation et la consommation de ces boissons.

Ainsi, pour la cafetière (la planche est reproduite à la page 155 de l'ouvrage), on note les différentes formes des panses, avec ou sans pieds, mais aussi la diversité des anses et des becs qui peuvent soit être fabriqués directement dans la panse soit constituer un élément plus distinct.

Mais les planches servent surtout à illustrer le texte de cet ouvrage qui est avant tout un traité normatif présentant ces boissons de façon théorique et surtout exposer les effets de ces boissons sur le corps. L'aspect médical est d'ailleurs important, car, pendant de nombreuses années, ces boissons vont être en butte à de nombreux détracteurs, et ce jusque dans les plus hautes sphères de la société, comme par exemple la Princesse Palatine, femme de Monsieur et belle-sœur de Louis XIV, qui est totalement contre leur consommation comme on le voit à la lecture de sa correspondance.

Le livre de Philippe Sylvestre Dufour, quant à lui, est intéressant surtout pour ce qui concerne la gravure servant de frontispice à l'ouvrage, réédité sous le titre *Traités nouveaux & curieux du café, du thé et du chocolate*. Cette illustration gravée montre trois hommes autour d'une table basse et ronde.

À gauche, un Turc, au centre, un Chinois et à droite un Indien d'Amérique sont assis ou debout, sous les traits et avec les attributs distinctifs de leurs aires géographiques respectives : le Moyen-Orient, l'Extrême-Orient et les Amériques, du moins tels qu'ils sont imaginés dans les mentalités occidentales. Chacun d'entre eux tient dans sa main droite une coupe contenant un breuvage fumant. Sur la table et au sol se trouvent également les accessoires destinés à la préparation et au service de chacune des trois boissons. Aux côtés du Turc se trouve une cafetière sans pied, sur la table est posée une théière tandis qu'une chocolatière est aux pieds de l'Indien. Cette chocolatière se reconnaît et se différencie de la cafetière par la présence d'un moulinet – portant aussi le nom de moussoir –introduit dans un trou percé au milieu du couvercle et que l'on tourne afin de faire mousser le chocolat. Ces trois figures peuvent, en quelque sorte, être considérées comme des allégories de ces boissons exotiques.

Cependant, de même que celui que Nicolas de Blégny rédige et publie en 1687, l'ouvrage de Philippe Sylvestre Dufour est avant tout un ouvrage théorique. Là encore, il s'agit d'un traité concernant surtout les boissons d'un point de vue historique et leurs effets médicaux.

Nous n'avons donc pas là des illustrations d'un texte reflétant les pratiques alimentaires et la consommation de ces boissons, mais plutôt d'un écrit normatif dont l'intention est didactique, transmettant ainsi un certain savoir.

Le Grand Siècle voit aussi la représentation sur support gravé de scènes figurant des personnes de qualité – et donc de la haute société – en train de consommer une boisson.

C'est le cas, par exemple, d'une gravure réalisée par l'un des frères Bonnart figurant une *Dame qui prend du café*[183]. Une dame de qualité est assise dans un fauteuil devant une table ronde. Son corps est vu presque de profil mais son visage et son regard sont plutôt tournés vers le spectateur. Sa main droite est posée sur sa cuisse tandis qu'elle tient dans sa main gauche une tasse de café. Sur la table, se trouve une cafetière tripode de petites dimensions avec un bec et une anse. La boisson qu'elle consomme ne fait aucun doute ; la cafetière posée sur la table et surtout le titre et la légende accompagnant la gravure en témoignent :

> *« Dame qui prend du café.*
> *Je chery cette liqueur*
> *Un goust particulier qui touche*
> *Ce qu'on trouve amer a la bouche*
> *Est bien souvent tres doux au cœur. »*

La richesse des vêtements, de la coiffure et du mobilier montrent une dame issue de l'élite de la société dans une occupation de la vie quotidienne et la légende montre la place du plaisir gustatif dans la dégustation du café.

En effet, le plaisir de la consommation de ces boissons se révèle être un élément important et même si au début les détracteurs sont nombreux, la cour

---

[183] Robert Bonnart, *Dame qui prend du Café*, estampe, Paris, BnF.

versaillaise du Roi-Soleil en consomme néanmoins fréquemment. Cela transparaît dans la gravure d'Antoine Trouvain, *Sixième chambre des appartements*[184]. Plusieurs gentilshommes servants s'affairent devant un buffet à deux gradins sur lesquels sont disposés divers éléments pour la collation : pyramides de fruits, plats, carafes, tasses, soucoupes à pied et, au centre du premier gradin, une cafetière tripode munie d'un bec et d'une anse terminée par une fleur de lys.

Cette figuration possède une certaine valeur testimoniale puisque ce genre de manifestations avait effectivement lieu dans les appartements du roi au château de Versailles. C'est ce que l'on apprend à la lecture du *Mercure galant* :

> « La Cour de France, qui est non seulement la plus grande & la plus galante de l'Europe, mais encor la plus florissante, & la plus tranquille, continuë à prendre part aux plaisirs que le Roy a la bonté de luy procurer. Il y en a de marquez pour chaque jour de la semaine. Le Lundy, le Mercredy, & le Vendredy, sont destinez pour le Jeu ; & ces trois jours-là sont toûjours nommez *Jours d'Appartement.*[185] »

Cette gravure de Trouvain fait partie d'une série sur les fêtes d'appartement de Louis XIV et illustre la description qu'en donne le *Mercure galant* de décembre 1682[186].

---

[184] Antoine Trouvain, *Préparation du souper dans le salon de Vénus*, Paris, Bibliothèque nationale de France, cabinet des Estampes.
[185] *Mercure galant*, janvier 1683, p. 319-320.
[186] Cette série est composée de six gravures. Les autres représentent le jeu du portique, le jeu de cartes, le billard du Roi, la danse et le concert.

Dans le Salon de Vénus est prévue la collation avec des tables

« couvertes de Flambeaux d'argent & de Corbeilles de filigrane, rondes, longues, & quarrées. Les Fruits crus, les Citrons, les Oranges, les Pastes, & les Confitures seches de toutes sortes, accompagnez de Fleurs les remplissent en Pyramides.[187] »

Dans la salle qui suit sont installés :

« Trois grands Bufets [qui] sont aux trois costez du mesme Sallon. Celuy du milieu, au dessous, duquel on voit une grande Coquille d'argent, est pour les Boissons chaudes, comme Caffé, Chocolat, &c. Les deux autres Bufets sont pour les Liqueurs, les Sorbets, & les Eaux de plusieurs sortes de Fruits. On donne de tres excellents Vins à ceux qui en souhaitent, & chacun s'empresse à servir ceux qui entrent dans ce Lieu ; ce qui se fait avec beaucoup d'ordre & de propreté.[188] »

La gravure de Trouvain apparaît ici comme une synthèse de la collation qui mêle ainsi les buffets installés dans les deux salons contigus.

On le constate donc, sous le règne du Roi-Soleil, d'un point de vue quantitatif, dans les traités, le thé et le café sont considérés sur un même pied d'égalité, alors que dans le reste de l'iconographie, c'est le café qui est représenté prioritairement, ce qui correspond d'ailleurs aux pratiques de la consommation de ce breuvage.

En analysant comme un tout ces différentes œuvres, on s'aperçoit qu'il s'agit là uniquement de gravures.

---

[187] *Mercure galant*, décembre 1682, p. 37.
[188] *Idem*, p. 40-41.

Deux types de représentations sont visibles. Le premier est lié à une littérature illustrée et normative à l'instar des livres de cuisine contemporains. Cette iconographie sert uniquement à enseigner et à documenter. Elle agit comme un instructeur visuel appuyant le discours écrit et il existe un rapport entre texte et images.

Le second type est lui-même subdivisé en deux catégories. L'une montrant des hommes et femmes de qualité, donc l'aristocratie, dans un moment de la vie quotidienne (Bonnart) de la même façon que d'autres gravures montrent les repas. L'autre représente la cour de Versailles marquant ainsi l'introduction réelle et effective à la cour de ces boissons.

Sous le règne de Louis XIV, il y a donc une double interprétation, certainement due au fait que ces boissons sont nouvelles ; celle d'instruire au travers des livres et celle d'attester un usage devenu quotidien.

Louis XV : le paroxysme des représentations iconographiques

C'est sous le règne de Louis XV que l'iconographie du thé et du café connaît son apogée. La diversité des supports, des artistes et des thèmes représentés est abondante.

L'un des aspects les plus importants concerne la question du goût pour l'exotisme de l'Extrême-Orient et du Moyen-Orient.

Si dans l'iconographie c'est surtout sous le règne de Louis XV que ce goût se développe, déjà, lors de fêtes sous le règne du Roi Soleil, les boissons exotiques pouvaient être consommées avec tout autour une théâtralisatioin de la décoration et des vêtements, comme c'est le cas par exemple de collations et bals donnés en 1700 pour la duchesse de Bourgogne[189].

La tapisserie de grand format intitulée *Le thé*[190], met en scène des personnages dans un extérieur (certainement une forêt ou un jardin boisé). Un personnage, à gauche de la composition, sert du thé contenu dans une théière, un autre apporte une tasse à la table autour de laquelle est installé un couple. La femme tient sa tasse sur la soucoupe dont elle mélange le contenu avec une cuillère et l'homme, quant à lui, tient un aliment dans sa main droite. Son attitude est plus détendue que celle de sa compagne : le coude posé sur la table et la tête posée sur sa main, il est penché vers la femme. Autant par les personnages représentés que par leur occupation transparaît le goût pour l'exotisme chinois, si prégnant au XVIIIème siècle.

Dans la peinture de Carle Van Loo représentant une *Sultane prenant son café*[191], la même remarque peut

---

[189] Voir l'annexe 3 pour la transcription de ces fêtes données pour la Duchesse de Bourgogne.

[190] Jean-Joseph Dumons (d'après), *Le Thé*, 1754, tenture chinoise, manufacture d'Aubusson, laine et soie, 233x516 cm, Paris, musée du Louvre.

[191] Carle Van Loo, *Sultane prenant son café*, pour le château de Bellevue, 1755, huile sur toile, 130x160 cm, Paris, musée des Arts Décoratifs.

être faite concernant le goût pour l'exotisme, cette fois-ci du Moyen-Orient.

Ce tableau a été interprété comme étant un portrait de la marquise de Pompadour habillée en sultane. Vue de profil, assise sur des coussins, elle tient une pipe dans sa main gauche et prend une tasse de café que lui tend sa servante de sa main droite. Cette dernière, de type maure, est vêtue à l'orientale comme sa maîtresse, et tient une cafetière en argent dont elle a versé le contenu dans une tasse en céramique. Cette œuvre, connue à l'origine sous le titre de la *Sultane*, a été exposée au Salon de 1755 avec son pendant, la *Confidente*. Le livret de l'exposition en conserve une description :

> « Par *M. Carlo Vanloo*, Ecuyer, Chevalier de l'Ordre de Saint-Michel, Gouverneur des Eleves protégés par le Roi. 17. Deux Tableaux sous le même N°, dans l'un desquels sont représentés deux Sultanes travaillant en Tapisserie, & dans l'autre une Sultane prenant le Caffé qui lui présente une Négresse. Ces deux Tableaux sont tirés du Château de Belle-Vûe.[192] »

La présence de la servante maure est un reflet du goût pour l'exotisme oriental attesté à cette époque et qui transparaît également à travers le déguisement de cette dernière et celui de la présupposée marquise. Par ailleurs, cette composition qui illustre un sérail, et qui n'est pas sans rapport avec la place dont la favorite de Louis XV jouit à la cour de France, présente un autre

---

[192] Jules Guiffrey, *Collection des livrets des anciennes expositions depuis 1673 jusqu'à 1800*, Jacques Laget, Nogent le Roi, 1990, tome III, p. 13.

aspect de cet intérêt pour l'Orient. De plus, cette œuvre a été réalisée pour le château de Bellevue, résidence appartenant à Madame de Pompadour. On a donc là une peinture illustrant les goûts gastronomiques et esthétiques des hautes sphères de la Cour de France.

Mais derrière ce goût pour l'exotisme, on devine également les pratiques alimentaires. De nombreuses œuvres sous le règne de Louis XV présentent des scènes de genres ou portraits féminins dans une occupation de la vie quotidienne, celle de la consommation du café principalement. C'est le cas du célèbre tableau de François Boucher intitulé *Le Déjeuner*[193] mais aussi celui de Nicolas Lancret, *Famille dans un jardin*[194].

Dans cette œuvre de Lancret, la scène se situe en extérieur, sans pour autant troubler l'intimité familiale, car elle se déroule probablement dans un jardin privé. La composition est divisée en deux parties selon un axe vertical : la partie gauche de l'œuvre est occupée par cinq personnages : une famille, composée des parents et de leurs deux filles ainsi qu'un serviteur. À l'extrême gauche, le père tient un plateau sur lequel se trouve une tasse posée sur sa sous-tasse et dans laquelle le serviteur s'apprête à verser du café. Le père regarde le petit groupe composé par ses deux filles et sa femme. Cette dernière tient dans sa main gauche une tasse et dans sa main droite une cuillère remplie de café qu'elle

---

[193] François Boucher, *Le Déjeuner*, 1739, huile sur toile, Paris, musée du Louvre.

[194] Nicolas Lancret, *Famille dans un jardin*, 1742, huile sur toile, 88,9x97,8 cm, Londres, National Gallery.

tend à sa plus jeune fille dont la bouche est entrouverte et qui s'apprête à déguster la boisson. La partie droite est occupée par une fontaine dont la structure se termine derrière les personnages. La séparation entre les deux parties est marquée par un vase garni de fleurs, en bouquet et en feston posé sur un piédestal. À la limite entre ces deux parties, et au premier plan, se trouve une poupée qui a certainement été jetée par terre. Cette poupée, comme abandonnée, est sans doute celle de la plus jeune des petites filles qui a laissé là son jouet, symbole de l'enfance, pour entrer dans le monde des adultes.

Cette scène de la vie quotidienne, tout comme le tableau de François Boucher, est la représentation intime et quotidienne d'une famille, montrant ainsi la place de l'éducation à travers la consommation du café, valeur importante durant le siècle des Lumières où l'enfant occupe une toute nouvelle place.

L'iconographie du règne de Louis XV est également prolifique en ce qui concerne les portraits de femmes en train de consommer du café, comme c'est le cas par exemple du portrait de Madame du Soul de Beaujour de François de Troy[195], celui de Madame Brion

---

[195] François de Troy, *Portrait de Marie Catherine du Soul de Beaujour, femme de Louis Le Presle*, vers 1723, huile sur toile, 137x105 cm, Stuttgart, Staatsgalerie Stuttgart.

réalisé par Aved[196] ou, plus tardif, celui de Madame du Barry, dernière favorite de Louis XV[197].

Il s'agit là de portraits de personnages historiques, mais il arrive aussi que des personnes non identifiables soient représentées de la même façon que si elles étaient portraiturées. C'est le cas des tableaux de Jean-François de Troy, *Dame prenant du café* de 1723[198] ou de Jean-Siméon Chardin *Dame qui prend du thé* de 1735[199].

Si dans le tableau de Chardin, la consommation de la boisson est sans équivoque, en raison de la présence de la théière sur la table, il n'en est pas de même dans le tableau de Jean-François de Troy ainsi que dans d'autres œuvres contemporaines (portraits ou scènes de genre).

En effet le titre *Dame prenant du café* a été attribué à posteriori mais le doute subsiste sur la boisson consommée. S'agit-il du café, du thé ou du chocolat ? Rien ne permet d'affirmer avec exactitude même si le café semble être, pour cette œuvre, l'hypothèse la plus plausible. Cette difficulté de différenciation est intéressante et assez symptomatique de la fusion, ou peut-être plutôt de l'interchangeabilité iconographique, des trois boissons que sont le café, le thé et le chocolat

---

[196] Aved, *Portrait de Madame Brion*, Salon de 1750, huile sur toile, 128x97 cm, Seattle, museum of Art.

[197] Gautier d'Agoty, *Madame du Barry*, 1771, huile sur toile, Versailles, musée national du château.

[198] Jean-François de Troy, *Jeune femme buvant du café*, 1723, Berlin, Gemäldealerie.

[199] Jean-Siméon Chardin, *Dame qui prend du thé*, 1735, huile sur toile, 80x101, Glasgow, Hunterian Museum and Art Gallery.

dans l'esprit des contemporains. C'est souvent l'attribut (cafetière, théière, chocolatière) qui va permettre de déterminer la boisson qui est consommée.

La consommation de ces boissons exotiques est aussi souvent liée à des loisirs aristocratiques et/ou figurant l'un des moments de la journée, comme c'est le cas par exemple des tableaux de Nicolas Lancret intitulés *Le Matin*[200] et *Le Petit déjeuner de chasse*[201].

Cette seconde peinture, en forme de lunette, montre une halte de chasse avec, dans la partie gauche de la composition, un homme et une femme attablés. Plusieurs tasses et leurs soucoupes sont posées sur cette petite table ainsi qu'un récipient certainement un pot à lait. Dans leurs mains, les deux personnages tiennent une tasse posée sur une soucoupe et une cuillère. La boisson est sans doute du café ou du chocolat mais rien ne permet de l'affirmer avec certitude.

Un couple est assis à une petite table rouge (cabaret) sur laquelle est disposé un service. Ce tableau est un dessus-de-porte (en forme de lunette) qui fait partie d'un ensemble de quatre peintures représentant des femmes au bain, un repas après la chasse et une scène de concert. Le couple ne semble pas être dérangé par le chasseur debout qui, d'un geste, indique une direction au chien à ses pieds. Il est indifférent à la scène se déroulant à ses côtés. Le jeune homme et la

---

[200] Nicolas Lancret, *Les quatre parties du jour. Le Matin*, 1739, huile sur toile, 29x37 cm, Londres, National Gallery.
[201] Nicolas Lancret, *Le Petit déjeuner de chasse*, vers 1740, huile sur toile, 61x133,5 cm, The Fine Arts Museum of San Francisco.

jeune femme tiennent une tasse posée sur une soucoupe d'une main et une cuillère de l'autre. Le chasseur regarde la jeune femme qui va porter sa cuillère remplie à sa bouche. Elle a le regard baissé et les joues rouges. Ici, une allusion à une intimité galante est visible.

Cette œuvre présente par ailleurs un double intérêt. D'une part, elle montre une sociabilité récréative (de par le loisir de la chasse) qui lie les deux hommes ; l'homme et la femme, eux, sont liés par une sociabilité galante, intime qui permet à leurs sentiments de s'exprimer à travers leurs gestes et leurs regards. D'autre part, cette œuvre synthétise deux importants loisirs aristocratiques que sont la chasse et la consommation des boissons exotiques[202].

Un dernier point reste à étudier pour le règne de Louis XV : les natures mortes. En effet, il s'agit d'un genre pictural (qui comme les autres genres peut également se trouver dans les autres techniques : céramique, tapisserie, etc.) dans lequel les accessoires de préparation et de consommation du thé et du café sont visibles.

C'est le cas par exemple de la *Double composition avec table de cabaret, vernie rouge* réalisé par Alexandre-François Desportes[203]. Sur cette table un pot à sucre trône au centre ; il est entouré de « gobelets-bols »

---

[202] Sur ces questions, voir Sandrine Krikorian, *À la table des élites, op. cit.*

[203] Alexandre-François Desportes, *Double composition avec table de cabaret, vernie rouge*, vers 1730, huile sur toile, Paris, musée des Arts Décoratifs, dépôt Sèvres.

retournés sur leurs soucoupes et qui servent au service du café comme l'indique la cafetière posée par terre[204]. Il s'agit là de l'un des exemples de figurations de services dans les natures mortes, genre qui va se développer par la suite.

Sous Louis XV, on assiste à une diversification de l'iconographie avec des sujets exotiques, des scènes de la vie quotidienne avec des portraits (plus ou moins réels) isolés de femmes et des scènes familiales principalement. On trouve également des natures mortes figurant des cabarets et quelquefois cafetières et théières sont insérées comme éléments de décoration, comme c'est le cas de la Petite Singerie du château de Chantilly.

L'usage de ces boissons est installé. Il y a également une plus grande confusion des genres picturaux d'un point de vue artistique. Il est pareillement difficile de savoir parfois si la boisson consommée est du thé, du café ou du chocolat. La cafetière, la théière ou la chocolatière ne sont pas toujours présentes ce qui rend difficile l'attribution à l'une ou l'autre de ces boissons dans ces cas-là. On représente souvent un cabaret (déjeuner) ou un service seul. On assiste aussi à un plus grand équilibre entre le café et le thé mais il faut noter tout de même que le thé est surtout représenté dans des sujets exotiques (décor de chinoiseries).

---

[204] Pour le terme de gobelet-bol, voir le premier chapitre de cet ouvrage : Les accessoires de table dans l'iconographie de Louis XIII à Louis XVI ».

Et c'est aussi sous le règne de Louis XV que les supports illustrant ces boissons sont les plus variés (peinture, gravure, porcelaine, tapisserie). On note également que les traités normatifs du règne de Louis XIV ont totalement disparu au profit de peintures plus intimistes et récréatives. À ce titre, ces représentations, comme d'autres peintures contemporaines, sont caractéristiques de l'intimité et de la sociabilité qui régnaient durant cette période ainsi que le goût pour l'exotisme venu d'Orient et d'Extrême-Orient.

Certaines œuvres marquent une transition entre le règne de Louis XV et celui de son petit-fils. En effet, à la mort de Louis XV en 1774, Louis XVI monte sur le trône. Dans la décennie allant de 1765 à 1775, l'iconographie figure des loisirs aristocratiques de groupe autour d'une boisson : le thé. C'est le cas notamment des tableaux de Michel Barthélémy Ollivier (peint en 1777 mais figurant un événement qui s'est déroulé en 1766) intitulé *Le thé à l'anglaise*[205] et celui de Louis Carmontelle, datant de 1773 intitulé *Madame de Montesson, Madame du Crest et Madame de Dams prenant le thé dans un jardin*[206].

---

[205] Michel-Barthélémy Ollivier, *Le thé à l'anglaise dans le salon des quatre glaces au Palais du Temple en 1766 à Paris*, 1777, Versailles, musée du Château.

[206] Louis Carrogis dit Carmontelle, *Madame de Montesson, Madame du Crest et Madame de Dams prenant le thé dans un jardin*, 1773, aquarelle, Paris, musée Carnavalet.

Louis XVI : iconographie aristocratico-bourgeoise et natures mortes

Sous le règne de Louis XVI, une évolution de l'iconographie est notable. Nicolas-Bernard Lépicié, dans son tableau intitulé *Portrait de Marc-Étienne Quatremère et sa famille*[207] présente le portrait intime d'une famille bourgeoise, Quatremère étant marchand. La scène montre un couple assis en présence de leurs enfants. L'aînée, une petite fille, est appuyée sur les jambes de son père alors que la mère tient son bébé dans ses bras. Cette scène marque l'attachement de cette famille principalement à travers le regard attendri que le père porte sur son plus jeune enfant. À gauche de la composition se trouve un service à café posé sur le coin d'une table. Il est composé des restes de la collation que les parents ont prise : deux tasses vides sur leurs soucoupes avec une cuillère dans l'une d'elles. Aux côtés des tasses se trouvent un pot à sucre découvert et une cafetière en argent.

Cette scène ne montre pas des personnes en train de consommer du café mais qui ont terminé leur collation. On a l'impression que la consommation des boissons sert de prétexte à la scène ; elle permet de la situer (moment de la journée, lieu, liens et rapports entre les personnes, etc.). Elle montre aussi et surtout l'intimité d'une famille et la présence des reliefs de la

---

[207] Nicolas-Bernard Lépicié, *Portrait de Marc-Étienne Quatremère et sa famille*, 1780, huile sur toile, Paris, musée du Louvre.

collation au sein d'une famille bourgeoise transcrivant donc une démocratisation des pratiques. Lépicié n'est pas le seul artiste à avoir illustré ce genre d'œuvres. Des artistes comme Louis-Léopold Boilly ou Jean-Baptiste Mallet l'ont également figuré avec du café principalement.

Mais, durant le règne de Louis XVI, se développent aussi les représentations de natures mortes, dont Anne-Vallayer Coster et Jean-Étienne Liotard sont les artistes les plus représentatifs. Relativement prolixes sur le thème culinaire et notamment sur les natures mortes, ils figurent les accessoires pour la consommation des boissons exotiques.

C'est le cas par exemple d'une nature morte de Liotard[208] dont le service à thé est le sujet principal. Des « gobelets-bols » sont retournés sur leurs soucoupes au premier plan et on en trouve aussi qui ont déjà été utilisés, l'un d'eux contenant du thé[209]. On note le mélange, ou plus exactement l'hybridation, des accessoires d'Extrême-Orient et d'Occident : on peut y voir la vaisselle en porcelaine avec un décor chinois au milieu de laquelle se trouvent d'autres accessoires typiquement occidentaux comme la pince à sucre.

Le règne de Louis XVI est surtout marqué par la représentation de scènes familiales aristocratico-

---

[208] Jean-Étienne Liotard, *Nature morte*, 1781-1785, huile sur toile, Malibu, The J. Paul Getty Museum.
[209] Sur cette appellation de « gobelet-bol », voir le premier chapitre de cet ouvrage.

bourgeoises réalisées par Lépicié, Bonnet, Boilly, ou encore Mallet avec une augmentation au fur et à mesure que l'on avance dans le siècle et jusqu'au début du XIXème siècle. Il en est de même des natures mortes illustrant surtout la consommation du thé (Liotard, Vallayer-Coster) ou plus exactement les représentations de services comme sujet unique des natures mortes.

On assiste également, par rapport au règne de Louis XV, à une diminution du nombre de représentations et de la variété des sujets. Il y a un équilibre presque total entre représentations du café et du thé, surtout grâce aux natures mortes, qui figurent ce dernier en plus grand nombre. Cependant, il n'est pas certain que cet équilibre corresponde à une transcription exacte et rigoureuse des pratiques alimentaires mais peut-être plutôt des goûts artistiques procédant d'une volonté de montrer la beauté des objets de porcelaine, d'où les représentations de services.

L'iconographie de Louis XIV à Louis XVI montre donc une nette évolution. Procédant d'une volonté documentaire et attestant un certain usage, l'iconographie se tourne vers la représentation de la consommation du thé et du café dans un quotidien en fonction des classes sociales et des moments durant lesquels ces breuvages sont consommés, reflétant ainsi les usages quotidiens, chaque règne figurant les usages et les goûts contemporains.

Si l'iconographie du XIXᵉᵐᵉ siècle et du XXᵉᵐᵉ siècle montre surtout un développement des établissements de café, la consommation dans l'intimité familiale quotidienne de ces boissons est également présente. On ne compte plus d'ailleurs de nos jours les caferières, mais aussi les théières, de toutes sortes que l'on trouve sur le marché. L'industrie et le progrès technique sont passés par là et la plupart des ustensiles de préparation du thé et du café se font actuellement surtout par l'intermédiaire de machines électroniques.

Cependant, la préparation traditionnelle n'est pas perdue et elle perdure même chez certaines familles. C'est le cas par exemple des familles arméniennes issues de la diaspora. Dans un récipient (dénommé *djezvé*) on porte de l'eau jusqu'à ébullition avant d'y rajouter le café moulu[210].

---

[210] Les tasses sont de nos jours dénommées *findjans* mais son emploi est plus ancien. Il était déjà connu et employé dans la Provence de l'Ancien Régime. Bernrd Romagnan, « Café, chocolat et thé en Provence orientale (XVIIIᵉᵐᵉ-XIXᵉᵐᵉ siècles) », in Actes du colloque *Boire et manger en Provence du Moyen Âge à nos jours (Xᵉᵐᵉ-XXᵉᵐᵉ siècles). Étude archéologique et historique de la consommation alimentaire*, sous la direction de Marie-Astrid Chazottes, actes du colloque 6 et 7 octobre 2020, LA3M – université Aix-en-Provence, Drémil-Lafarge, éditions Mergoil, 2023.

LES ACCESSOIRES DE TABLE AU XVIIÈME SIÈCLE : OBJETS ET ICONOGRAPHIE

Les arts de la table en France au XVIIème siècle, on l'a déjà dit, voient la création de nouveaux accessoires ou l'évolution de certains existant déjà, notamment, en raison de la transformation des comportements et des usages de table.

Le premier chapitre de cet ouvrage abordait déjà la question en dressant un panorama des différents accessoires que l'on trouve durant ce siècle et au siècle des Lumières. Le présent chapitre se concentre donc uniquement sur le XVIIème siècle et approfondit la question en réalisation une analyse croisée avec les documents écrits.

La cafetière, la théière et la chocolatière

Les nouvelles boissons exotiques que sont le café, le thé et le chocolat ne sont pas préparées dans des objets spécifiques avant leur diffusion au XVIIème siècle et ces récipients semblent s'être développés presque simultanément en Europe.

Rappelons-le, à l'origine, le café est consommé à la turque, en faisant bouillir l'eau et le café puis en servant la boisson dans un même récipient. C'est ce qui a provoqué la création de la cafetière. En ce qui concerne le thé, la préparation est presque identique : on verse de l'eau bouillante sur les feuilles de thé dans une tasse en porcelaine ou plus souvent en terre. C'est surtout le goût pour la porcelaine chinoise qui a incité à la création de la théière. Enfin, le chocolat doit être remué avec l'eau ou le lait tout au long de sa préparation, d'où l'invention de la chocolatière.

La gravure de Nicolas Bonnart, *Un Cavalier, Et une Dame beuvant du Chocolat*, montre une femme en train de tourner, de ses deux mains, une tige qui se prolonge vers l'intérieur de la chocolatière[211]. Cette gravure illustre la façon dont le chocolat est préparé. La chocolatière est, de prime abord, le même ustensile que la cafetière, à la différence qu'elle possède un trou au milieu de son couvercle afin de pouvoir y faire passer la tige.

Ces objets se trouvent dans les collections royales. Ainsi, dans l'*Inventaire du Mobilier de la Couronne sous Louis XIV (1663-1715)*, Jules Guiffrey répertorie :

« **596** - Une chocolatière, portée sur trois pieds en pattes de lion qui tiennent une boule, pezant avec sa chaisne 5^{m}2°4^{g}1/2.
597 - Une autre chocolatière pareille 5^{m}1°3^g.

---

[211] Nicolas Bonnart, *Un Cavalier, Et une Dame beuvant du Chocolat*, Paris, Bibliothèque nationale de France, cabinet des Estampes.

598-599 - Deux caffetières portées sur trois pieds en pattes de lion comme dessus, pezans avec leur chaisne 10ᵐ1°1ᵍ1/2.[212] »

L'iconographie sur ce sujet semble relativement pauvre : peu de représentations de ces accessoires semblent avoir été conservées. *La préparation du souper dans le salon de Vénus* d'Antoine Trouvain en est un exemple[213]. Elle montre sur le degré inférieur du buffet un récipient dont la forme est quasiment identique à celle de la gravure précédente : un récipient supporté par trois pieds, possède un manche, un couvercle et un bec afin d'en verser le contenu. Il est donc possible que cet objet soit une chocolatière. On conserve par ailleurs, un dessin de Nicolas Delaunay représentant une cafetière-chocolatière ayant appartenu à Louis XIV dont l'apparence est identique.

Parmi les accessoires créés au XVIIème siècle, outre ceux destinés aux boissons, d'autres trouvent leur utilité durant les repas.

Les milieux de table ou surtouts

Les surtouts font leur apparition à partir du dernier quart du XVIIème siècle et se développent au siècle suivant.

---

[212] Jules Guiffrey, *Inventaire du Mobilier de la Couronne sous Louis XIV (1663-1715)*, t. 1, p. 127.
[213] Antoine Trouvain, *Préparation du souper dans le salon de Vénus*, Paris, Bibliothèque nationale de France, cabinet des Estampes.

Néanmoins, des exemples plus anciens ont permis la création des surtouts : en 1653, le cardinal Mazarin possède

> « une sallière à l'Espagnole d'argent d'Espagne vermeil doré, consistant en onze pièces détachées l'une de l'autre servant à mettre le sel, le sucre, le poivre, l'huisle, le vinaigre et autres épices, pesant le tout cinq marcs quatre onces cinq gros.[214] »

Les surtouts de table permettent de rassembler la salière, la poivrière, le sucrier, etc.[215] L'explication en est d'ailleurs donnée par le *Mercure galant* lors du mariage du duc de Chartres en mars 1692 : au centre des deux tables ovales disposées pour le repas,

> « il y avait une grande machine de vermeil doré de nouvelle invention, appelée Surtout de table. Outre les lumières que ces machines portent, elles sont remplies de plusieurs cases et ustensiles, le tout fort utile à ceux qui sont à ces repas.[216] »

En fait, la fonction du surtout est à la fois utilitaire et décorative[217].

---

[214] Pierre Ennès, Gérard Mabille, Philippe Thiébaut, *Histoire de la table : les arts de la table des origines à nos jours*, Flammarion, Paris, 1994, p. 139.

[215] Avec le développement de la culture de la canne à sucre dès le XVIIème siècle, le sucre fait son apparition sur les tables et des accessoires sont créés pour cette nouvelle épice comme le sucrier à poudre. Un modèle de sucrier à poudre est présent dans le tableau de Charles Bouillon intitulé *Enseigne d'orfèvre*.

[216] Gérard Mabille, « L'orfèvrerie de la table royale sous Louis XIV et Louis XV », dans *Versailles et les tables royales*, Réunion des musées nationaux, 1993, p.98.

[217] *Idem*, p. 98.

Nicolas Delaunay est l'un des premiers artistes, si ce n'est le premier à avoir réalisé les surtouts. Dans le tableau de Robert Levrac-Tournières *Portrait de l'orfèvre Nicolas Delaunay et de sa famille*, il est représenté avec un surtout qui comprend les accessoires habituels[218]. Ce surtout n'est pas le seul que Nicolas Delaunay ait réalisé[219].

À partir de la fin du XVIIème siècle, cet accessoire devient d'une telle importance qu'on en retrouve des figurations dans les livres. Ainsi, dans la *Nouvelle Instruction pour les confitures, les liqueurs et les fruits* de Massialot, l'accessoire est composé d'un objet (dont la forme rappelle les terrines) et d'une base sur laquelle sont posés un huilier, un vinaigrier, des sucriers, des salières et poivrières.

Les surtouts demeurent sur la table durant le repas. C'est ce que montre *Le festin donné par le duc d'Albe, ambassadeur d'Espagne à Paris en l'honneur de la naissance du prince des Asturies, en 1707*, gravure de Gérard Jean-Baptiste Scotin[220]. Sur la table, en forme de fer à cheval, est posé un surtout de grandes dimensions et soutenu par trois pieds.

---

[218] Robert Levrac-Tournières, *Portrait de l'orfèvre Delaunay et de sa famille*, 1704, Caen, musée des Beaux-Arts.

[219] Un dessin conservé au musée de Stockholm montre un surtout de l'artiste.

[220] Gérard Jean-Baptiste Scotin d'après Desmaretz, *Festin donné par le duc d'Albe, ambassadeur d'Espagne à Paris en l'honneur de la naissance du Prince des Asturies en 1707*, Paris, Bibliothèque nationale de France, cabinet des Estampes.

La relation dans le *Mercure Galant* d'une réception ayant eu lieu à Saint-Cloud en avril 1698 et offerte par Monsieur à Milord Portland, témoigne également de son utilité :

> « Il y avait au milieu de la table un grand surtout ou milieu de table de vermeil doré. Il y a peu de temps que ces sortes d'ouvrages sont inventez pour garnir le milieu des tables. Ils y demeurent pendant tout le repas. On en fait de plusieurs plans différents. Ils sont toujours enrichis de figures et portent quantité de choses pour l'usage de la table ; en sorte qu'on ne peut rien souhaiter de nécessaire à un repas, que l'on y trouve. Ces espèces de machines de nouvelle invention cachent, dans les repas de jour, sous des ornements utiles, les endroits où l'on met le soir les bougies. Le surtout de Monsieur est de Monsieur de Launay qui en a fait deux pour le Roi.[221] »

Par ailleurs, Jules Guiffrey[222] cite ces accessoires en « vermeil doré pour servir sur la table du Roy a Marly[223] » :

> « 704 – Un milieu de table d'argent vermeil doré, composé d'une table ou baze, pezant : $30^m0°0^g$
> 705 – Une girandole à huit branches : $22^m3°6^g$
> 706 – Quatre sucriers : $11^m5°4^g$
> 707 – Quatre poivriers à trois séparations et le milieu en salière : $9^m4°2^g$
> 708 – Huit enfans : $10^m4°2^g$
> Un autre milieu de table, tout pareil au précédent, aussy de vermeil, composé de :

---

[221] Gérard Mabille, « L'orfèvrerie de la table royale sous Louis XIV et Louis XV », dans *Versailles et les tables royales*, Réunion des musées nationaux, 1993, p.98.

[222] Jules Guiffrey parle de surtouts transportés lors des campagnes du roi. D'autres accessoires le sont également.

[223] Jules Guiffrey, *Inventaire du Mobilier de la Couronne sous Louis XIV (1663-1715)*, op. cit., t. 1, p. 134.

709 – Une table ou baze, pezant : 29ᵐ7°1ᵍ
710 – Une girandole à huit branches : 23ᵐ7°5ᵍ
711 – Quatre sucriers : 11ᵐ5°6ᵍ
712 – Quatre poivriers à trois séparations et le milieu en sallière : 9³3°7ᵍ
713 – Huit enfans qui se mettent durant le jour aux bobèches de ladite girandole.[224] »

Les surtouts peuvent être de formes et de tailles différentes. En dehors de rassembler les accessoires déjà cités, ils peuvent avoir une autre fonction : l'éclairage partiel de la table. En effet, les surtouts vus précédemment possèdent tous des girandoles.

Cependant, l'éclairage permis par le surtout n'est pas suffisant et il est nécessaire d'avoir des accessoires complémentaires.

La lumière à table

La lumière est d'une importance considérable dans les arts de la table. Même si dans les représentations de repas les candélabres, chandeliers ou flambeaux ne semblent pas souvent figurer, les témoignages, principalement de relations de fêtes, consacrent une partie de leur description à ces accessoires.

Le *Mercure Galant* relate le mariage de Monsieur le prince de Conti avec Mademoiselle de Blois, fille illégitime de Louis XIV et de Louise de La Vallière, en

---

[224] *Idem*, p. 134-135.

janvier 1680. L'extérieur du château est déjà « remply d'une infinité de Lampes pour éclairer ceux qui partageoient le soin de ce grand Régal[225] » et

« Dans le vallon qui sert de passage à la Galerie où le Couvert estoit mis, on avoit allumé plusieurs Lustres et Bras d'argent, avec deux grands candelabres de mesme matiere ; ils avoient six branches chacun, et huit à neuf pieds de haut. De ce sallon on entroit dans la Galerie qui estoit illuminée tout au tour, d'un tres grand nombre de Bougies, disposees en simetrie sur le rebord de la Boisure. Chaque entrecroisée estoit garnie de quinze Flambeaux, entre lesquels celuy du milieu estoit plus haut que ceux des deux bouts. Les autres estoient de la grandeur ordinaire. On sçait de quelle beauté, et de quelle pesanteur sont ces Flambeaux ; ils ont esté faits par le feu Sieur Balin. Outre cette prodigieuse quantité de lumieres, il y avoit plusieurs Lustres d'argent suspendus au-dessus de la Table, tous sur une mesme ligne »[226].

Sur la table, l'importance de la lumière est encore plus grande :

« Dix-neuf Corbeilles à jour, tant dorées que d'argent, regnoient sur toute la longueur de cette Table. (…) Entre les Corbeilles, il y avoit des Girandoles de six Bougies, avec des Flambeaux de vermeil doré aux quatre coins des mesmes Corbeilles. Ainsi chacune se trouvant entre deux Girandoles, et quatre Flambeaux, estoit environnée de seize lumieres, qui jointes à celles des Lustres d'argent, qui estoient suspendus le long de la Table, faisoient admirablement briller le vif coloris d'un si grand nombre de fleurs. Douze chandeliers de deux pieds de haut chacun, d'un admirable travail, et garnis de lumieres d'une grosseur proportionnée à leur grandeur, donnoient encore un nouvel éclat à tout ce que je viens de vous décrire. Toutes ces Corbeilles demeurerent sur la table jusqu'à la fin de ce superbe Repas, pour réjoüir la veüe et l'odorat,

---

[225] *Mercure Galant*, janvier 1680, t. 2, p. 62.
[226] *Idem*, p. 62-63.

pendant que le goust estoit occupé, et par ce moyen la plûpart des sens pouvoient se satisfaire tout à la fois.[227] »

Deux plans de la table servie durant le mariage ont été inclus dans le *Mercure Galant*. Le premier est le plan des deux premiers services et le second celui du dessert. Ce dernier présente l'intérêt d'indiquer l'emplacement des flambeaux et girandoles.

Les fêtes que Louis XIV a organisées à Versailles montrent pareillement l'importance de ces accessoires de table. Lors de la fête du 18 juillet 1668, André Félibien explique que

« Chaque table avait deux degrés sur lesquels étaient dressés quatre grands bassins d'argent qui accompagnaient un grand vase chargé d'une girandole allumée de dix bougies, et entre ces bassins et ce vase, il y avait plusieurs figures d'argent. Aux deux bouts du buffet l'on voyait deux grandes plaques portant chacune trois flambeaux de cire blanche ; au-dessus du dossier, un guéridon d'argent chargé de plusieurs bougies.[228] »

Quant aux fêtes de 1674, la table du repas servi le deuxième jour avait « Du milieu des arcades [qui] pendoient de doubles festons, et au dessus des colonnes estoient des girandoles de crystal allumées de bougies.[229] »

Si ces témoignages permettent de comprendre l'importance ainsi que la disposition de ces accessoires, ils ne donnent pas de précisions sur leurs formes.

---

[227] *Ibidem*, p. 67-69.

[228] André Félibien, *Les fêtes de Versailles*, Chroniques de 1668 et 1674, éd. Dédale, Aubenas, 1994, p. 68-69.

[229] André Félibien, *Les Divertissements de Versailles donnez par le Roy à toute sa cour au retour de la conquête de la Franche-Comté en l'année 1674*, Paris, 1676, p. 8.

Quant à l'iconographie, elle semble être également peu explicite. La gravure de Gérard Jean-Baptiste Scotin *Le festin donné par le duc d'Albe, ambassadeur d'Espagne à Paris en l'honneur de la naissance du prince des Asturies, en 1707* montre des candélabres à quatre branches qui ne sont pas décorés.

Une peinture de Meiffren Comte, *Nature morte au chandelier*[230] permet de voir la richesse de la décoration d'un chandelier lorsqu'il est travaillé.

L'*Inventaire du Mobilier de la Couronne* montre l'importance des flambeaux dans la vaisselle du roi. On trouve des flambeaux pour la Fruiterie, la Bouche, le Commun, etc.[231]

Les assiettes

Au XVIIème siècle, on assiste au développement de l'assiette en porcelaine ; l'usage de l'assiette d'argent remonte, quant à lui, au XVIème siècle avec François Ier qui commande une demi-douzaine d'assiettes

---

[230] Meiffren Comte, *Nature morte au chandelier*, huile sur toile, 85x105 cm, château de Versailles.

[231] Pour plus de détails sur la Fruiterie et le Gobelet voir Roland Jousselin, *Au couvert du roi, XVIIème-XVIIIème siècles*, Paris, éditions Christian, 1998, *Versailles et les tables royales en Europe. XVIIème-XIXème siècles*, *op. cit.* ainsi que Sandrine Krikorian, *Les Rois à table, op. cit.* et *Les Menus de Choisy, op. cit.*

circulaires réalisées dans ce matériau. En effet, jusqu'à cette époque, les tranchoirs sont surtout utilisés[232].

Les assiettes sont fort logiquement présentes dans un très grand nombre de représentations de repas[233]. Cependant, une différence existe selon les genres.

En effet, dans les repas populaires, les assiettes sont, pour la plupart, des assiettes creuses, à l'inverse des repas bourgeois, aristocratiques ou royaux[234].

Il est assez rare que les assiettes creuses soient représentées dans des repas aristocratiques. On peut cependant en voir une dans le tableau de Claude Vignon, *Salomé apportant à Hérode et Hérodiade la tête de saint Jean-Baptiste*[235]. Dans cette assiette est posée une cuillère, sans doute pour les soupes et potages consommés généralement dans les premiers services du repas, avant celui du rôt.

En dehors des assiettes plates ou creuses, il existe les écuelles. Grâce à l'*Inventaire du Mobilier de la Couronne*, on sait que le roi en possédait plusieurs. Le

---

[232] Alain Gruber, *L'argenterie de maison*, Office du Livre, Neuchâtel, 1982, p. 122.

[233] Dans certaines représentations de repas, lorsque les mets ne sont pas encore servis dans les assiettes, c'est le pain qui est posé sur ces assiettes et recouvert de serviettes.

[234] Il arrive que dans certains cas, des bols remplacent les assiettes creuses comme on peut le voir dans *Les Mangeurs de pois* de Georges de La Tour (huile sur toile, 74x87 cm, Berlin-Dahlem, Staaliche Museen, Gemäldegalerie).

[235] Claude Vignon, *Salomé apportant à Hérode et Hérodiade la tête de saint Jean-Baptiste* huile sur toile, 73x93 cm, Rome, Collection Fabrizio Lemme

Dauphin, fils de Louis XIV en possède également une ainsi que le précise l'Inventaire : « 373 – Une escuelle couverte 4m2 ». Celle-ci, qui nous est parvenue, est conservée aujourd'hui au musée du Louvre[236].

Le cadenas et la nef

Le cadenas et la nef montrent l'appartenance de la personne qui les possède à un rang élevé. Donc seuls le roi et les grands seigneurs en possèdent. Jusqu'au XVIème siècle, la nef renferme le couteau, la cuillère, la salière ainsi que les cornes d'épreuves[237].

À partir du XVIème siècle, la nef comprend les serviettes, le sel et le poivre ainsi que les couteaux à découper alors que le couteau, la cuillère et la fourchette (depuis Henri IV) se trouvent dans le cadenas[238].

Les seigneurs qui mangent à la table royale lorsque le repas se fait « au grand couvert » n'ont pas le droit d'avoir leurs cadenas et nef, cet honneur étant

---

[236] Sébastien Leblond, Baron, *Écuelle couverte surdécorée aux armes du Grand Dauphin*, 1690-1692 et vers 1877-1885, argent, 6,5x29,8x18,5 cm, Paris, musée du Louvre.

[237] « Monseigneur se mit à table, à sa place ordinaire, et sans cadenas, parce qu'à Meudon il n'en avait jamais » Saint-Simon, *Mémoires* 1711-1714, Bibliothèque de la Pléiade, Tours, 1982, t. 4, p. 5. Cette phrase montre que le roi n'est pas le seul à posséder un cadenas.

[238] Rolland Jousselin, *Au couvert du roi, XVIIème-XVIIIème siècles*, *op. cit.*, p. 25-26.

réservé aux souverains[239]. Pour le repas « au petit couvert », c'est-à-dire lorsque le roi mange seul, le cadenas et la nef ne sont pas présents[240].

Le cadenas se trouve à droite du couvert. *Le Sommelier Royal* indique

> « Que s'il y a un cadenas, lequel ne se met ordinairement que devant les Princes et devant les Ducs et Pairs, il le faut mettre à la main droite de l'assiette, garnir la Saliere de sel, et mettre sur ce Cadenas une serviette sur laquelle seront mis le couteau, la cuilliere et la fourchette, et ensuite étendue encore une serviette qui couvrira le Couvert et le Cadenas. Il est aussi à remarquer qu'il ne faut mettre aucun Couvert au bout de la Table, ny au droit du Cadenas.[241] »

Cette place du cadenas sur la table se retrouve dans l'iconographie. Un *Plan du premier service du Grand Couvert à Versailles*, daté de 1702, montre l'emplacement du cadenas à la droite du roi[242].

L'Inventaire du Mobilier de la Couronne mentionne plusieurs cadenas et nefs :

> « 85 – Une nef : 32^m1°0^g
> 352 – Une nef
> 353 – Un cadenas

---

[239] Béatrix Saule, « Tables royales à Versailles : 1682-1789 », dans *Versailles et les tables royales*, Réunion des musées nationaux, 1993, p. 49-50.

[240] *Idem*, p. 52.

[241] *Le Sommelier Royal, qui enseigne ce qui est de sa charge, et la maniere de bien plier le Linge de Table en plusieurs et diverses sortes de figures, avec d'autres gentillesses*, p. 360.

[242] *Plan du premier service du Grand Couvert à Versailles*, 1702, Plume et encre noire, 15x20 cm, Stockholm, Nationalmuseum.

Deux anciens cadenats dont les sallières en forme de cocquilles sont portées, l'une sur le dos d'un aigle, l'autre sur le dos d'un dragon, pesant ensemble, sçàvoir :
409 – Celuy de l'aigle : $6^m0°4^g$
410 – Et celuy du dragon, dont la queüe manque : $5^m7°0^g$
411 – Un cadenas avec sa cuillière, fourchette et cousteau, pesant ensemble : $6^m1°0^g$
412 – Un autre cadenas, gravé des armes de Monseigneur le Dauphin et de trois couronnes : $6^m2°4^g$
413 – Une nef ayant à chaque bout un dauphin, la teste en bas et la queüe en haul, avec son couvercle au dessus duquel il y a une couronne : $57^m3°4^g$
726 – Un cadenas d'or, avec son petit poivrier : $23^m0°2^g1/2$
727 – Un cadenas, pezant avec son petit poivrier : $17^m0°5^g$
52 – Deux cadenats.[243] »

Ces deux derniers cadenas sont en porcelaine. La porcelaine et la faïence ont remplacé l'orfèvrerie à partir du règne de Louis XIV avec la promulgation des édits somptuaires notamment.

En 1709, ainsi qu'en témoigne le duc de Saint-Simon,

« Tout ce qu'il y eut de grand ou de considérable se mit en huit jours à la faïence, ils épuisèrent les boutiques et mirent le feu à cette marchandise, tandis que tout le médiocre continua à se servir de son argenterie. Le roy agita de se mettre à la faïence ; il envoya sa vaisselle d'or à la Monnaie, et Monsieur le duc d'Orléans le peu qu'il en avait. Le roy et la famille royale se servirent de vaisselle de vermeil et d'argent ; les princes et les princesses de sang, de faïence.[244] »

---

[243] Jules Guiffrey, *Inventaire du Mobilier de la Couronne sous Louis XIV (1663-1715)*, Paris, 1885, t. 1, p. 102-142 et t. 2, p. 85-91.
[244] Bernadette de Rességuier et Bruno Servel, *Les faïences de Moustiers*, éditions Ouest-France, Rennes, 1996, p. 4.

La porcelaine et la faïence se développent davantage au XVIIIème siècle.

Si l'*Inventaire du Mobilier de la Couronne* ne donne pas de description des nefs et des cadenas du roi, l'iconographie conserve des reproductions de ces deux accessoires. Ainsi, un dessin montre le cadenas de Louis XIV sous différents angles (vues en élévation, de face et de profil, et de dessus). De plan rectangulaire, il est richement décoré (motifs de grecques, fleurs de lys, profils en médaillons, etc.). Le projet du cadenas de la reine Marie-Thérèse, exécuté par Nicolas Delaunay, montre un cadenas ressemblant à celui de Louis XIV[245].

Quant à la nef du roi, ont été conservées deux œuvres : le carton de tapisserie de Charles Le Brun pour la visite du roi aux Gobelins (dans la tenture de l'*Histoire du Roi*) et la peinture dans une des voussures du Salon de l'Abondance à Versailles. De couleur bleue pour la structure elle est décorée d'or. Au-dessus, un personnage, autour duquel s'enroule un triton, soutient une couronne (rouge et or pour la décoration).

Parmi les accessoires se trouvant dans les cadenas et nefs se trouvent les salières.

---

[245] Cadenas de la reine Marie-Thérèse, par Nicolas Delaunay, 1678, dessin à la plume et à l'encre noire sur papier, lavis gris, Paris, BnF, Cabinet des Estampes. Voir Michèle Bimbenet-Privat, « Le maître et son élève Claude Ballin et Nicolas Delaunay orfèvres de Louis XIV », in *Bibliothèque de l'école des Chartes*, 2003, tome 161, livraison 1, p. 221-239.

Les salières

La salière[246] est un accessoire très répandu dans l'iconographie du XVIIème siècle[247]. On en trouve tant dans les natures mortes représentant des scènes de cuisine ou des tables dressées, comme c'est le cas pour les tableaux de Sébastien Stoskopff, que dans les représentations de repas, et ce quel que soit le niveau social.

De plus, dans la plupart des cas, la salière présente la même forme : un cylindre incurvé, parfois à pans coupés, reposant sur une base circulaire.

Ainsi, cette salière est indifféremment présente dans deux natures mortes de Sébastien Stoskopff, *Volaille lardée, salière et verre de vin*[248] et *Réchaud et salière*[249], mais aussi dans la *Famille de paysans dans un intérieur*[250] de Louis Le Nain, ou encore *L'Hyver*[251] d'Abraham Bosse.

---

[246] Il arrive qu'un seul accessoire contienne à la fois le sel et le poivre. Ainsi, on conserve un dessin d'une salière – poivrière de Nicolas Delaunay ayant appartenu à Louis XIV.

[247] L'*Inventaire du Mobilier de la Couronne* cite un certain nombre de salières. Grâce à cet inventaire, on apprend que les salières ayant appartenu au roi ou au Dauphin peuvent être grandes ou petites et rondes ou carrées.

[248] Sébastien Stoskopff, *Volaille lardée, salière et verre de vin*, vers 1635, huile sur toile, 52x64 cm, Collection particulière

[249] Sébastien Stoskopff, *Réchaud et salière*, vers 1635-1640, huile sur toile, 40x50 cm, Chaumont, musée d'Art et d'Histoire.

[250] Louis Le Nain, *Famille de paysans dans un intérieur*, vers 1643, huile sur toile, 113x159 cm, Paris, musée du Louvre.

Cette forme n'est pas la seule existante au XVIIème siècle. La *Scène de banquet au joueur de luth*[252] de Nicolas Tournier, ou *Salomé apportant à Hérode et Hérodiade la tête de saint Jean-Baptiste* de Claude Vignon montrent des salières ayant une forme différente.

Si les couverts, tout comme la salière, sont généralement rangés dans la nef et le cadenas, ils peuvent de même être conservés dans des étuis. L'*Inventaire du Mobilier de la Couronne* mentionne : « Deux estuys de chagrin garnys de cuillière, fourchette et cousteau.[253] ». Puis, en 1686, « Vingt estuis de chagrin, garnis chacun d'une cuillière, fourchette et couteau d'or[254] » et en 1687 « Six estuis de chagrin, garnis chacun d'une cuilière, fourchette à trois fourchons et couteau d'or[255] » ainsi que « Six autres estuis de chagrin, garnis chacun d'une cuillère et fourchette à quatre fourchons et couteau d'or.[256] »

Bien que ne pouvant être employée sur le même registre, on peut noter que la littérature française se fait d'ailleurs l'écho de ces étuis. Ainsi, Charles Perrault, dans *La Belle aux bois dormant* en parle également :

> « Après les cérémonies du baptême toute la compagnie revint au Palais du Roi, où il y avait un grand festin pour les Fées. On mit

---

[251] Abraham Bosse, *L'Hyver*, vers 1630-1640, Paris, Bibliothèque nationale de France, Cabinet des Estampes.

[252] Nicolas Tournier, *Scène de banquet au joueur du luth*, huile sur toile, 120x165 cm, Saint-Louis, The Saint-Louis Art Museum.

[253] Jules Guiffrey, *L'Inventaire du Mobilier de la Couronne sous Louis XIV (1663-1715)*, Paris, 1885, t. 1, p. 113.

[254] *Idem*, p. 126.

[255] *Ibidem*, p. 128.

[256] *Ibidem*, p. 128.

devant chacune d'elles un couvert magnifique, avec un étui d'or massif, où il y avait une cuiller, une fourchette, et un couteau de fin or, garni de diamants et de rubis.[257] »

Le XVIIème siècle a connu des changements dans la forme et l'utilisation de ces couverts.

La cuillère, le couteau et la fourchette

La cuillère ne semble pas connaître de grands changements dans sa forme ou son utilisation. Il est à noter que, dans certaines représentations de repas populaires, se trouve un accessoire qui est sans doute une cuillère très archaïque (elle ne possède pas de manche). Ainsi, dans *Les mangeurs de pois* de Georges de La Tour, les personnages utilisent cet ustensiel.

Le grand changement qui semble toucher le couteau concerne la généralisation du couteau à bout rond. Tallemant des Réaux relate cette anecdote :

« Le chancelier [Séguier] est l'homme du monde qui mange le plus malproprement et qui a les mains les plus sales ; il faut une certaine capitolade, où il y entre toutes sortes de drogues, et en la faisant il se lave les mains tout à son aise dans la sauce ; il déchire la viande ; enfin cela fait mal au cœur, et quoiqu'il soit payé pour la table des maîtres des requêtes, il leur fait pourtant assez mauvaise chère. Il se curoit un jour les dents chez le cardinal avec un couteau ; le cardinal s'en aperçut et fit signe à Bois-Robert ; après il commande au maître-d'hôtel de faire épointer tous les couteaux. Bois-Robert, le plus doucement qu'il put, le dit au chancelier, qui acheta dès le jour même un cure-dent d'or. Le

---

[257] Charles Perrault, *Contes*, p. 91-92.

cardinal voyant le chancelier, qui à la première rencontre faisoit parade de son cure-dent, dit à Bois-Robert : "Je gage que vous l'avez dit à M. le chancelier ? – Oui, monseigneur – L'impudent poète que vous êtes !"[258] »

Cet élément fait partie intégrante de la façon de se comporter à table avec les obligations et les interdictions. Ainsi, *Le traité de civilité* d'Antoine de Courtin, indique qu'« Il est incivil de se curer les dents devant le monde, et de se les curer durant et après le repas avec un couteau, ou avec une fourchette : c'est une chose tout à fait mal honneste et dégoûtante.[259] »

Le cas de la fourchette est plus complexe. En effet, elle semble apparaître en France sous Henri III[260].

---

[258] *Les Historiettes de Tallemant des Réaux. Mémoires pour servir à l'Histoire du XVIIe siècle, publiés sur le manuscrit inédit et autographe avec des éclaircissements et des notes par Messieurs Monmerque, Membre de l'Institut de Chateaugiron et Taschreau,* Alphonse Levasseur Libraire, Paris, 1834, Tome 2, p. 39-40.

[259] Antoine Courtin, *Nouveau traité de civilité qui se pratique en France parmi les honnestes gens,* Paris, 1673 (réédition de 1689), p. 126.

[260] Artus Thomas d'Embry, dans une satire des mœurs du roi Henri III, fait une description de l'un des premiers repas consommés à la fourchette : « Premièrement, ils ne touchoient jamais la viande avec les mains : mais avec des fourchettes ils la portoient jusque dans leur bouche en allongeant le col, et le col sur leur assiette (…). Il y avait aussi quelques plats de salades (…), ils la prenoient avec des fourchettes car il est défendu en ce pays là de toucher la viande avec les mains, quelque difficile à prendre qu'elle soit, et ayment mieux que ce petit instrument fourchu touche à leur bouche que leurs doigts. Ce service dura un peu plus longtemps que le premier, après lequel on apporta quelques artichaux, asperges, pois, febves escossées, et lors ce fut un plaisir de les voir manger cecy avec leurs fourchettes ; car ceux qui n'estoient pas si adroits que les autres laissoient bien autant

Cependant, la mise en place de l'utilisation de cet accessoire est très longue. Au début du XVIIIème siècle, son usage n'est pas encore établi à la table royale ainsi qu'en témoigne la princesse Palatine :

> « On avait par politesse appris au duc de Bourgogne et à ses deux frères à se servir de la fourchette en mangeant. Mais quand ils furent admis à la table du roi, celui-ci n'en voulut rien savoir et le leur défendit. À moi on ne me l'a jamais défendu, car de tout temps je ne me suis servie, pour manger, que de mon couteau et de mes doigts.[261] »

De plus, certains traités du XVIIème siècle ne mentionnent pas toujours l'usage de la fourchette. Ainsi, même si l'auteur du *Sommelier royal* indique que

> « l'heure venüe (…) il sera obligé de se mettre en état de servir il disposera son Couvert dans une Corbeille garnie autour du dedans d'une nappe, dans laquelle il mettra les Bassins, l'Eguiere, la Soûcouppe, les Cadenas, les Flacons, la Saliere, les Assiettes, les Couteaux, les Cuilleres, les Fourchettes, les Porte-Assiettes, deux Nappes, les Serviettes, dont au moins il y en aura deux pliées en bâton rompu, le Pain, et autres choses necessaires pour couvrir la Table et le buffet.[262] »

Il rajoute, plus loin, qu'

---

tomber dans le plat, sur leurs assiettes et par le chemin qu'ils en mettoient à leur bouche (…) ». « Modèles de Cour et usages de table : les origines », dans *Versailles et les tables royales en Europe*, Réunion des musées nationaux, 1993, p. 26.

[261] *Lettres de la Princesse Palatine (1672-1722)*, Mercure de France, 1986, lettre du 22 janvier 1713, p. 329.

[262] *Le Sommelier Royal, qui enseigne ce qui est de sa charge, et la maniere de bien plier le Linge de Table en plusieurs et diverses sortes de figures, avec d'autres gentillesses*, p. 359.

« À la main droite de chaque assiette, il mettra les couteaux, et toujours le tranchant vers l'assiette, puis les cuilleres le creux en bas, sans aucunement les croiser, ensuite le pain sur les mêmes assiettes, et la serviette par dessus le pain.[263] »

Les traités de civilité mentionnent de plus en plus la fourchette, bien que son emplacement ne soit pas forcément mentionné.

Ainsi, Antoine de Courtin explique que « si on sert, il faut (…) ne rien toucher que de la fourchette[264] » ou encore qu'« Il ne faut pas non plus ronger les os, ny les casser ou secouer pour en avoir la moelle[265] ; il faut en couper la viande sur son assiette, et puis la porter à la bouche avec la fourchette.[266] »

Quant à l'iconographie, même si la fourchette est présente dans un certain nombre de représentations, elle n'est pas toujours utilisée par les convives. La gravure d'Abraham Bosse représentant le *Festin des Chevaliers du Saint-Esprit à Fontainebleau en 1633*, montre deux personnages assis, l'un à droite, portant, avec sa main droite un aliment à sa bouche, et l'autre à gauche, mangeant avec sa fourchette[267].

---

[263] *Idem*, p. 359-360.

[264] Antoine Courtin, *Nouveau traité de civilité qui se pratique en France parmi les honnestes gens*, Paris, 1673 (réédition de 1689), p. 106-107.

[265] Jules Guiffrey mentionne « Une cuillière percée où il y a un tiremouelle ». Jules Guiffrey, *Inventaire du Mobilier de la Couronne sous Louis XIV (1663-1715), op. cit.*, p. 115.

[266] Antoine Courtin, *Nouveau traité de civilité qui se pratique en France parmi les honnestes gens, op. cit.*, p. 118.

[267] Abraham Bosse, *Festin des chevaliers de l'Ordre du Saint-esprit donné au château de Fontainebleau le 14 mai 1633*, 1633-1634, eau-forte et burin, 27x34,2 cm, Washington, National Gallery of Art.

Une *Scène de banquet* de Claude Vignon, montre plusieurs personnages attablés[268]. Alors que l'un d'eux tend sa main droite afin de saisir un aliment, un autre coupe ce qu'il a dans son assiette avec son couteau et sa fourchette qu'il ne tient pas de la même façon qu'aujourd'hui.

On retrouve cette manière de tenir une fourchette dans la gravure de Gérard Jean-Baptiste Scotin représentant *Le festin donné par le duc d'Albe, ambassadeur d'Espagne à Paris en l'honneur de la naissance du prince des Asturies, en 1707*[269].

Ainsi, même si la fourchette est présente sur les tables, notamment sur la table royale[270], elle n'est pas toujours employée, ou uniquement pour piquer les aliments avant de les porter à sa bouche avec ses doigts. Il faut attendre le courant du XVIIIème siècle pour que son usage soit bien établi.

Néanmoins, avec l'introduction de la fourchette, il est possible d'assister à une individualisation du couvert.

---

[268] Claude Vignon, *Scène de banquet*, vers 1631-1641, huile sur toile, 103x138 cm, collection particulière.

[269] Gérard Jean-Baptiste Scotin d'après Desmaretz, *Festin donné par le duc d'Albe, ambassadeur d'Espagne à Paris en l'honneur de la naissance du Prince des Asturies en 1707*, Paris, Bibliothèque nationale de France, cabinet des Estampes.

[270] *L'Inventaire du Mobilier de la Couronne* mentionne un certain nombre de fourchettes et un dessin de Nicolas Delaunay figurant le *Couvert de Louis XIV* a été conservé. Il présente un couteau à bout rond dont le manche est décoré, une fourchette à quatre dents et une cuillère, dont les manches sont aussi décorés.

Une individualisation du couvert

Cette individualisation du couvert est visible dans les traités de civilité. Antoine de Courtin explique qu'

« Il est necessaire aussi d'observer qu'il faut toûjours essuyer vostre cuillere, quand aprês vous en estre servi vous voulez prendre quelque chose dans un autre plat, y ayant des gens si délicats, qu'ils ne voudroient pas manger de potage où vous l'auriez mise aprês l'avoir portée à la bouche. Et même si on est à la table de gens bien propres, il ne suffit pas d'essuyer la cuillere, il ne faut plus s'en servir, mais en demander une autre. Aussi sert-on à present en bien des lieux des cuilleres dans des plats, qui ne servent que pour prendre du potage et de la sauce.[271] »

Ceci trouve écho dans la littérature avec un poème du marquis de Coulanges :

« Jadis le potage on mangeait
Dans le plat sans cérémonie,
Et sa cuiller on essuyait
Souvent sur la poule bouillie.
Dans la fricassée autrefois
On sauçait son pain et ses doigts,
Chacun mange présentement
Son potage sur son assiette ;
Il faut se servir poliment
Et de cuiller et de fourchette,
Et de temps en temps qu'un valet
Les aille laver au buffet.
Tant qu'on peut il faut éviter
Sur la nappe de répandre,
Tirer du plat sans hésiter

---

[271] Antoine Courtin, *Nouveau traité de civilité qui se pratique en France parmi les honnestes gens*, Paris, 1673 (réédition de 1689), p. 116-117.

> Le morceau que l'on y veut prendre,
> Et que votre assiette jamais
> Ne serve pour différents mets.
> Très souvent il faut en changer,
> Pour en changer elles sont faites,
> Tout ainsi que pour essuyer
> On vous donne des serviettes
> À table comme ailleurs enfin
> Il faut songer à son prochain. [272] »

De plus, si l'*Inventaire du Mobilier de la Couronne* cite un certain nombre de fourchettes, elles sont mentionnées la plupart du temps avec des cuillères ou des cuillères et des couteaux. On peut donc penser que ces couverts sont assortis. Cette harmonie entre les couverts semble se retrouver dans l'iconographie. Une gravure anonyme, figurant un *Repas servi sur une terrasse*, montre des couverts assortis et chaque convive possède son couteau et sa fourchette[273]. Cependant, paradoxalement, dans cette gravure au centre de la composition, un homme est en train de se servir dans l'assiette de sa voisine.

L'iconographie figurant des enfants ne les montre pas utilisant une fourchette.

En effet, la peinture d'après la gravure d'Abraham Bosse *Tandis que nos maris s'en vont donner carrière...*[274]

---

[272] Cité par Dominique Michel, *Vatel et la naissance de la gastronomie*, Fayard, 1999, p. 221.

[273] Anonyme, *Repas servi sur une terrasse*, XVIIème siècle, (anciennement au Paris, musée des Arts et Traditions Populaires).

[274] Abraham Bosse (d'après), *Tandis que nos maris s'en vont donner carrière... (Conversation de dames en l'absence de leurs maris)*, huile sur toile, Écouen, musée national de la Renaissance.

montre des enfants en train de manger : même si les traités de civilité concernant les enfants mentionnent la fourchette, ils mangent ici avec leurs doigts[275]. Une autre gravure d'Abraham Bosse intitulée *Les Quatre Âges de l'homme, la Virilité* montre un enfant en train de manger[276]. Pendant qu'il mâche, il porte sa main droite vers son assiette pour prendre un aliment[277].

Ces traités ne se contentent pas uniquement d'instruire sur la manière dont les enfants doivent se comporter à table, mais aussi comment ils doivent servir. Ainsi, dans *La Civilité nouvelle* il est indiqué que

« Les viandes et généralement ce qui est sur la table estant desservies, il [l'enfant] remettra les restes, pour la netteté, dans un plat ou corbeille : le sel mis à part, les coûteaux, cuillers, fourchettes ramassées sur l'assiette, et posées dans la corbeille, et ensuite lèvera la nappe.[278] »

Rassembler les accessoires posés sur la table dans une corbeille semble être une pratique assez courante.

---

[275] « Quand il faut le [le couteau] nettoyer, ou la fourchette, il peut le faire honnestement avec un peu de pain... » *La Civilité nouvelle*, 1667, dans Alfred Franklin, *La vie privée d'autrefois. Les repas*, Paris, 1889, p. 220.

[276] Abraham Bosse, *Les Quatre Âges de l'homme, la Virilité*, Paris, Bibliothèque nationale de France, cabinet des Estampes.

[277] Antoine de Courtin écrit que la civilité veut que l'on taille « les morceaux petits, pour ne point faire de poches au jouës comme les singes » ce qui ne semble pas être appliqué par cet enfant ! Antoine de Courtin, *Nouveau traité de civilité qui se pratique en France parmi les honnestes gens*, Paris, 1673 (réédition de 1689), p. 118.

[278] *La Civilité nouvelle*, 1667, dans Alfred Franklin, *La vie privée d'autrefois. Les repas*, Paris, 1889, p. 218.

En effet, Montaigne le signale déjà dans son *Journal de voyage en Italie, par la Suisse et l'Allemagne*[279].

Les verres sont souvent représentés dans ces corbeilles mais on peut, par exemple, y trouver des plats ou des assiettes ainsi que le montre un tableau de Quentin Varin, peint pour le maître-autel de l'église Saint-Gervais à Paris, intitulé *Les noces de Cana* : à droite de la composition, un homme tient sous son bras une corbeille en osier contenant des assiettes creuses[280].

Les verres

Sébastien Stoskopff a peint plusieurs tableaux dans lesquels se trouvent des corbeilles contenant des verres transparents. Souvent, ces verres sont mêlés à des pièces d'orfèvrerie. Ainsi, dans différents tableaux intitulés *Corbeille de verres* et *Corbeille de verres et pièces d'orfèvrerie*, on peut noter la présence d'au moins un hanap, accessoire qui se retrouve dans une autre œuvre de Sébastien Stoskopff intitulée *Grande Vanité*[281].

---

[279] *Sébastien Stoskopff (1597-1657), un maître de la nature morte*, Réunion des musées nationaux, Paris, 1997, p. 174.

[280] Quentin Varin, *Les Noces de Cana*, vers 1618-1620, huile sur toile, 310x259 cm, Rennes, musée des Beaux-Arts.

[281] Le département des objets d'art du Louvre possède plusieurs pièces d'orfèvrerie dont un *Hanap en forme de pin* réalisé par Hans Weber. La forme de ce hanap rappelle celle de la *Grande Vanité* de Sébastien Stoskopff. Pour plus de détails sur ces œuvres, voir le premier texte du présent ouvrage présentant une évolution des

Les verres transparents sont souvent présents dans les représentations de repas et remplis de vin. Ils sont de différentes formes (flûtes et coupes la plupart du temps) et possèdent généralement un pied. En dehors de celles-ci, des tables mises, figurées par le genre de la nature morte, présentent des accessoires de table dont des verres transparents. Ainsi, on peut le voir dans des peintures de natures mortes de Sébastien Stoskopff, avec sa *Volaille lardée, salière et verre de vin*, ou les deux pendants intitulés *Nature morte à l'écrevisse et au citron* et *Nature morte aux fruits, au fromage et au pain* mais aussi dans celle de Lubin Baugin avec *Le dessert de gaufrettes.*

Des gobelets sont aussi présents dans certaines représentations, notamment de repas populaires[282] et bourgeois mais aussi dans quelques natures mortes de Sébastien Stoskopff comme la *Grande Vanité* ou les *Corbeilles de verres*. Bien que relativement moins présents dans l'iconographie que les verres, les gobelets se retrouvent très souvent dans l'*Inventaire du Mobilier de la Couronne* qu'ils soient en or, argent, vermeil ou porcelaine :

> « 113 – Trois gobelets : $4^m2°4^g$
> 230 - Vingt-quatre gobelets : $22^m4°2^g$
> 297 – Quatre gobelets et leurs couvercles : $7^m2°4^g$

---

objets de table dans l'iconographie française des XVIIème et XVIIIème siècles.

[282] Le milieu plébéien n'a pas les moyens de posséder des verres (ainsi que des nappes immaculées) tels qu'ils sont visibles dans certains tableaux des frères Le Nain, de Jean Michelin ou du Maître aux Béguins, loin de la réalité quotidienne de ce milieu social.

425* – Trois gobelets l'un dans l'autre : 4^{m}1°4^g
635 – Douze gobelets ovales : 4^{m}2°6^g
669 – Six gobelets ovales, l'un dans l'autre, pezans : 1^{m}6°3^g
674 – Six gobelets ovales : 1^{m}5^{0}3^g
684 – Six gobelets ovales : 2^{m}1°4^g
693 – Douze gobelets : 3^{m}2°2^g
696 – Six gobelets : 1^{m}5°3^g
745 - Neuf gobelets ciselez d'ornemens autour : 1^{m}7°4^g
746 - Un grand gobelet, aussy cizelé d'ornemens, pour le hault
dudit dessus : 0^{m}6°1^g
750 - Neuf gobelets : 1^{m}7°4^g
751 - Un grand gobelet pour le hault et milieu : 0^{m}6°1^g
781 - Neuf gobelets ronds : 1^{m}7°3^g
783 - Un grand gobelet pour le hault : 0^{m}4°7^g
50 – Huit gobelets.
63-64 – Douze gobelets[283] ».

Si les verres sont souvent représentés posés sur la table ou dans les mains des convives, au XVIIème siècle leur place n'est pas sur la table mais sur les buffets ou dessertes.

Les buffets ou dessertes

Cette place des verres sur les buffets ou dessertes est attestée par les différentes sources allant même jusqu'à se retrouver dans un recueil de poésies provençales peu connu, *Les Plaisirs de la vie* de César Pellenc publié en 1654 : après avoir rendu hommage

---

[283] Jules Guiffrey, *Inventaire du Mobilier de la Couronne sous Louis XIV (1663-1715)*, Paris, 1885, t. 1 , p. 107-139 et t. 2, p. 86.

aux verres à travers un poème[284] l'auteur en consacre un autre au buffet :

> « Arcenal de verre et d'argile,
> dont les armes font plus d'effets
> Que les piques et les mousquets,
> Quoy que leur corps soit plus fragile :
> Fort donjon, sur qui le canon
> Se pointe tousiours en façon
> Qu'il ne manque iamais les testes.
> Buffet, tous les boulets fumans,
> Qui ravagent comme tempestes
> Sont bien moins dangereux, quoy que plus etonnans.[285] »

L'iconographie illustre aussi cet emplacement[286]. Ainsi, dans le *Festin des chevaliers du Saint-Esprit à Fontainebleau en 1633* d'Abraham Bosse, même s'il n'y a pas de buffet, un personnage, au premier plan, porte un verre posé sur une assiette.

---

[284] « Belles lampes inextinguibles / Qui brulez dans un Cabaret / Avec l'Huile Blanc et le Clairet ; / Estoiles sans cesse visibles, / Rares miroirs, où les amans / Voient les objects les plus charmans / Qui peuvent contenter leurs ames : / Verres venez prendre de nous / Plus d'embrassades que les fames / N'en reçoivent iamais de leurs plus chers époux ». César Pellenc, *Les Plaisirs de la vie de César Pellenc*, Aix, 1655, p. 131. Pour une étude sur cet ouvrage, voir *Les Plaisirs de la Vie de César Pellenc (1654). Une œuvre poético-gastronomique provençale du XVIIème siècle*, Paris, BoD, Norderstedt, 2023.

[285] *Idem*, p. 133.

[286] Si les verres sont disposés sur les buffets, les bouteilles et rafraîchissoirs à bouteilles, quant à eux, sont très souvent posés par terre.

D'autres représentations, montrant des buffets, exposent des verres posés sur ces buffets. On peut le voir dans une *Scène de banquet* de Claude Vignon, où l'on peut distinguer des verres sur le premier degré du buffet, à gauche et au deuxième plan de la composition. Plus visibles, les verres représentés dans *Les apprêts du banquet* sont disposés sur la desserte. L'emplacement des verres sur les buffets ou dessertes n'existe pas uniquement lors des banquets mais aussi lors de repas quotidiens (de la haute bourgeoisie ou de l'aristocratie). C'est ce que montre *La Bénédiction de la table familiale* d'Abraham Bosse, gravure dans laquelle les verres sont posés sur une desserte.

Les verres ne sont pas les seuls accessoires à se retrouver sur les buffets. Les plats s'y rencontrent également comme le montre un dessin d'un *Buffet d'orfèvrerie dressé dans un parc* réalisé par Jean Bérain[287].

Les plats

Les plats[288] dressés sur les buffets et dessertes sont généralement de grands plats circulaires comme dans la

---

[287] Dans le *Mercure galant* de février de 1679 une description d'un buffet est donnée pour la « Fête donnée à Paris par Monsieur de Strasbourg lors de la mascarade de Monseigneur le Dauphin » (Cf. annexe 1).

[288] Les plats traités ici sont des plats circulaires mais aussi des coupes ou jattes. Cependant, l'étude des plats n'est pas totale car il existe d'autres plats comme, par exemple, les pots à oille, que cite Jules Guiffrey : « 445 – Quatre petits pots pour les oilles

gravure d'Antoine Trouvain *Préparation du souper dans le Salon de Vénus* ou dans la peinture représentant *Les apprêts du banquet*.

Les plats peuvent être de tailles et de formes différentes. Même si souvent leur décoration est identique à celle des assiettes, c'est-à-dire à bord droit, ce n'est pas une généralité. Ainsi, dans le *Festin des Chevaliers du Saint-Esprit à Fontainebleau en 1633* d'Abraham Bosse un plat à bord droit alterne avec un plat à godrons.

Louis XIV a fait réaliser des accessoires de table, notamment des plats, pour son château de Marly. Certains d'entre eux sont cités dans l'*Inventaire du Mobilier de la Couronne* :

> « 806 – Quatre plats ovales nommez à la Marly, de six marcs
> chacun : 25ᵐ1°2ᵍ
> 808 – Trente plats ovales, de six marcs cinq onces chacun, nommez
> à la Marly : 199ᵐ1°4ᵍ.[289] »

Pour le service du Fruit[290], des accessoires en porcelaine[291] sont souvent utilisés lors des fêtes. Lors de

---

65ᵐ0°1ᵍ / […] 447 – Quatre cuillières pour lesdits pots à oilles 8ᵐ4°7ᵍ / […] 717-718 – Deux pots à oille avec les armes du Roy en relief, pesans 29ᵐ2°3ᵍ ». Jules Guiffrey, *Inventaire du Mobilier de la Couronne sous Louis XIV (1663-1715)*, Paris, 1885, t. 1 , p. 119-135.

[289] *Idem*, p. 141.

[290] Des fruitiers permettent la présentation des fruits frais ou secs sur la table. Des dessins de fruitiers ont été conservés pour le XVIIᵉᵐᵉ siècle, mais aussi pour le XVIIIᵉᵐᵉ siècle. De plus, l'*Inventaire du Mobilier de la Couronne* cite plusieurs fruitiers.

[291] Les plats en porcelaine contenant des fruits semblent faire tout de même partie d'une iconographie assez courante. Ainsi,

la fête du 18 juillet 1668, André Félibien décrit les plats servis pour le dessert qui

« étaient chargés de seize porcelaines en pyramide où tout ce qu'il y a de plus exquis et de plus rare dans la saison y paraissait à l'œil et au goût d'une manière qui secondait bien ce que l'on avait fait dans cet agréable lieu pour charmer la vue.[292] »

Il en est de même pour les fêtes de 1674. Ainsi, pour la deuxième journée, l'édifice posé sur la table « estoit composé de toutes sortes de fruits ingénieusement arrangez dans cent douzaines de petites porcelaines, qui faisoient comme le corps solide de cét agréable bastiment[293] », tandis que pour la quatrième journée

« Six-vingts corbeilles remplies de diverses pastes et de confitures seches estoient entremêlées parmi les autres fruits. Quatre cens tasses de crystal pleines de glaces, et une infinité de caraffes de mesme remplies de toutes sortes de liqueurs, et posées ou sur des soucoupes de crystal, ou dans des cuvettes de porcelaine, contribuoient beaucoup à l'agreable variété de cette somptueuse Collation.[294] »

Félibien décrit encore, lors de la cinquième journée, une pyramide dont la base

---

Sébastien Stoskopff dans sa *Jatte de fraises* ou sa *Coupe de pêches* présente des « porcelaines chinoises de la période Wan-Li ». *Sébastien Stoskopff (1597-1657), un maître de la nature morte*, Réunion des musées nationaux, Paris, 1997, p. 132. De plus, un dessin montre des fruits présentés dans des tasses en porcelaine.

[292] André Félibien, *Les fêtes de Versailles, Chroniques de 1668 et de 1674*, éd. Dédale, Aubenas, 1994, p. 72.

[293] André Félibien, *Les Divertissements de Versailles donnez par le Roy à toute sa cour au retour de la conquête de la Franche-Comté en l'année 1674*, Paris, 1676, p. 8.

[294] *Idem*, p. 14-15.

« estoit composée de differentes sortes de fruits crus qui s'élevoient par degrez. Dans les angles et sur chaque degré il y avoit un vase de porcelaine rempli de fleurs, et de petits orangers mis alternativement l'un sur l'autre. Quatre autres pyramides de moindre grandeur, et solidement faites de mesmes fruits, estoient aux quatre coins de la table, dont le reste estoit chargé de jattes, de cuvettes de porcelaine, et de corbeilles pleines de fruits et de confitures ; et sur des soucoupes de crystal il y avoit toutes sortes de liqueurs.[295] »

La présence de fleurs sur les tables est également un élément important de décoration, et les repas de fêtes en sont souvent pourvus.

Les fleurs

En effet, le rédacteur du *Mercure galant* décrit les cérémonies du mariage de monsieur le prince de Conti avec mademoiselle de Blois. Il explique que

« Dix-neuf Corbeilles à jour, tant dorées que d'argent, regnoient sur toute la longueur de cette Table. Elles estoient remplies d'Anemones, d'Hyacintes, de Jasmins d'Espagne, de Tulippes, et de fleurs d'oranger, et de petits Festons de Fleurs couroient par dessus. Il n'y avoit rien que de naturel, et en voyant ces Corbeilles, il estoit difficile de se souvenir qu'on fust au seizième de Janvier. Les Etrangers qui virent ces Fleurs crûrent longtemps qu'elles estoient feintes, et s'ils ne les eussent vûs de plus pres quand on déservit, on aurait jamais pû les persuader, qu'elles eussent esté veritables.[296] »

---

[295] *Ibidem*, p. 20.
[296] *Mercure galant*, janvier 1680, p. 66-67.

Cette description se vérifie dans le plan du dessert qui l'accompagne. Au centre de la table, sont dessinées les places des corbeilles de fleurs.

Comme le montre le plan, les corbeilles de fleurs alternent avec les girandoles. Ceci se vérifie dans une gravure intitulée *Collation donnée au Roi par le marquis de Seignelay à Sceaux, le 16 juillet 1685*, exposée au Grand Trianon : de part et d'autre des arcades, les corbeilles de fleurs sont disposées sur la table comme l'indique la légende de cette gravure : « 3. Costez de la table qui bordoient le Canal et n'estoient occupez que par des Fleurs, de l'Argenterie et des lumières ».

La décoration de la table est également faite de nappes[297] et quelquefois de tapis[298].

Nappes, serviettes et tapis

Si généralement les nappes recouvrant les tables sont d'un blanc immaculé (témoignant ainsi de l'importance de la propreté dans les arts de la table) et sans décoration, il en existe certaines décorées.

Celles-ci peuvent être à franges (*Un Cavalier, Et une Dame beuvant du Chocolat* de Nicolas Bonnart),

---

[297] Quelquefois, il peut y avoir deux nappes comme l'indique un voyageur, Élie Brackenhoffer, dans son *Voyage de Paris en Italie, 1644-1646* : « [...] deux nappes furent mises l'une par-dessus l'autre ». Jean-Louis Flandrin, J. Cobbi., *Tables d'hier, tables d'ailleurs*, Paris, 1999, p. 249.

[298] Les tapis peuvent parfois recouvrir les buffets et dessertes.

découpées selon des motifs de demi-cercles (*Banquet de Louis XIV avec le roi d'Espagne après son mariage avec l'Infante le 19 juin 1660* dont l'auteur est inconnu) ou avec le bas réuni par des rubans (*Madame du Lude, dame d'honneur de la duchesse de Bourgogne, servant une collation au duc et à la duchesse de Bourgogne* dont l'auteur est également anonyme). Certaines de ces nappes peuvent être fleurdelisées comme on peut le voir dans le *Bal à la françoise*, gravure anonyme extraite de l'Almanach de 1682.

En ce qui concerne les serviettes, elles sont présentes dans un très grand nombre de repas, mais souvent sur les genoux des convives ou sur la table, pliées en carré ou rectangle.

Aussi, pour avoir une idée de leur importance sur la table, il faut recourir aux sources écrites. Ainsi, en 1659 paraît dans un ouvrage *Le Sommelier royal*, une instruction pour plier les serviettes[299].

Les indications données se fondent sur un livre publié en italien par Mattias Giegher à Padoue en 1639, *Li tre trattati*. Des planches illustrent cet ouvrage et montrent bon nombre de serviettes pliées de façon géométrique ou figurées (poisson, bateau, etc.).

Des tapis peuvent quelquefois recouvrir les tables rappelant les vers de la fable de Jean de la Fontaine *Le rat des villes et le rat des champs* : « Sur un tapis de Turquie / Le couvert se trouva mis. »

---

[299] Le texte et reproduit en détails dans l'annexe 2.

Ces tapis peuvent se retrouver dans les représentations de repas, mais ils sont également présents dans un certain nombre de natures mortes. Ainsi, la *Nature morte à la corbeille de verres et aux bouteilles* de Sébastien Stoskopff montre, sous une nappe, un tapis à franges de couleur rouge, décoré de motifs de différentes couleurs. Ce cas n'est pas isolé. Ainsi, le musée des Beaux-Arts de Marseille conserve deux pendants peints par Reynaud Levieux, vers 1650, *Fruits et fleurs à l'épagneul nain* et *Fruits et fleurs au perroquet rouge*. Là encore, les deux tableaux montrent la somptuosité des tapis. Les couleurs les décorant sont rappelées par les fruits, les fleurs ou encore le perroquet. Cette richesse est caractéristique de la nature morte d'apparat qui se développe dans la seconde moitié du XVIIème siècle.

La nature morte d'apparat est apparue avec la création de l'Académie royale de peinture et de sculpture en 1648. Lors d'une de ses conférences dans cette académie, André Félibien fixe ce qui devient la hiérarchie des genres dans la peinture :

« La représentation qui se fait d'un corps en traçant simplement des lignes, ou en mêlant des couleurs, est considérée comme un travail mécanique, c'est pourquoi, comme dans cet art il y a différents ouvriers qui s'appliquent à différents sujets, il est constant qu'à mesure qu'ils s'occupent aux choses les plus difficiles et les plus nobles, ils sortent de ce qu'il y a de plus bas et de plus commun, et s'ennoblissent par un travail illustrant. Ainsi, celui qui fait parfaitement des paysages est au-dessus d'un autre qui ne fait que des fruits, des fleurs ou des coquilles. Celui qui peint des animaux vivant est plus estimable que ceux qui ne représentent que des choses mortes et sans mouvement. Et comme la figure de l'homme est le plus parfait ouvrage de Dieu sur la terre, il est certain aussi que celui qui se rend l'imitateur de Dieu en peignant des figures humaines, est beaucoup plus excellent que tous les autres. »

Cette nature morte d'apparat est devenue un médium pour magnifier le roi. Meiffren Comte, peintre marseillais, est un artiste qui a fait de ce genre sa spécialité ; l'une de ses œuvres est d'ailleurs intitulée *Aiguière aux armes de France, plat ovale et coquillages*. Les natures mortes peintes par cet artiste présentent dans leur grande majorité des tapis qui accentuent la richesse des tableaux.

Certaines natures mortes d'apparat présentent d'autres accessoires qui montrent la richesse des accessoires de table comme par exemple les aiguières.

Les aiguières

Si les aiguières avec leurs bassins ne se trouvent pas sur les tables, elles sont néanmoins directement liées aux arts de la table et servent aux ablutions pré et post prandiales.

L'*Inventaire du Mobilier de la Couronne* cite un certain nombre d'aiguières et de bassins, même s'il reste difficile de savoir exactement dans quelle mesure les accessoires de cet inventaire étaient destinés au lavement des mains :

« 1 - Deux bassins ovalles ;
2 - Un bassin rond ;
3 - Trois esguières ;

71 - Deux bassins ovalles : $31^m7°4^g$
72 - Un bassin rond : $10^m2°0^g$
73 - Quatre esguières : $24^m0°0^g$
132 – Deux bassins ovalles : $28^m2°5^g$
133 – Un bassin rond : $16^m0°4^g$
134 – Quatre esguières dont deux sont couvertes : $27^m7°4^g$
161 - Deux bassins ovalles : $16^m0°4^g$
162 - Quatre esguières : $24^m7°4^g$
191 - Six bassins, dont deux ronds : $68^m7°0^g$
192 – Douze esguières : $76^m3°2^g1/2$
215 – Deux bassins ronds : $20^m0°7^g$
216 – Quatre esguières : $21^m4°4^g$
228 – Deux bassins ovalles : $30^m2°4^g$
229 – Quatre esguières : $25^m2°0^g$
271-272 – Deux bassins ovalles : $14^m6°4^g$
273-274 – Deux esguières : $10^m6°3^g$
317 – Deux bassins ronds : $24^m2°2^g$
318 – Quatre esguières : $24^m4°6^g$
366-367 – Deux bassins ovalles : $13^m2°6^g$
368-369 – Deux esguières : $11^m2°5^g$
392 – Un bassin rond : $10^m0°0^g$
393 – Quatre esguières : $23^m0°0^g$
462 – Six bassins ronds : $92^m7°2^g$
463 – Douze esguières : $71^m4°4^g$
476 – Dix-huit bassins, sçavoir : douze ronds et six en ovalles, pesans : $258^m4°4^g$
477 – Trente-six esguières : $217^m0°0^g$
679 – Deux esguières : $4^m5°6^g$
25 – Quatre esguières[300] »[301].

Les aiguières qui, la plupart du temps, sont en or, en argent ou en vermeil, peuvent se trouver par terre comme on le voit dans la gravure de Jacques Callot

---

[300] Ces quatre aiguières sont en porcelaine.
[301] Jules Guiffrey, *Inventaire du Mobilier de la Couronne sous Louis XIV (1663-1715)*, Paris, 1885, t. 1, p. 102-133 et t. 2, p. 85.

intitulée *L'Enfant Prodigue dissipe son bien*, mais, d'ordinaire, l'aiguière et son bassin sont posés sur une desserte comme le montrent *Le banquet d'Antoine et de Cléopâtre* de Claude Vignon et la peinture d'après la gravure d'Abraham Bosse, *Tandis que nos maris s'en vont donner carrière...*

Ces aiguières, avec leurs bassins, permettent de se laver les mains avant le repas et constituent une des premières étapes du déroulement de celui-ci.

L'iconographie des arts de la table dans la porcelaine de Sèvres au XVIIIème siècle

La porcelaine est le matériau de la céramique par excellence. Venue de Chine et copiée en Europe, elle prend une ampleur toute particulière au XVIIIème siècle. La France n'est pas en reste par rapport aux autres pays et plusieurs éléments sont à prendre en considération en ce qui concerne la manufacture de Sèvres, que l'on appelle parfois de Vincennes-Sèvres, en raison de son premier lieu d'implantation[302].

Le premier aspect concerne la technique. En effet, la pâte avec laquelle les objets en porcelaine sont réalisés va faire l'objet de recherches techniques. Au début de sa création, et pendant plusieurs décennies, la manufacture de Sèvres va travailler à partir d'une pâte tendre constituée d'un mélange de divers éléments : cristal minéral, sel marin, alun de roche, soude d'Espagne, gypse de Montmartre, sable fin de Fontainebleau, blanc d'Espagne, terre d'Argenteuil et

---

[302] Les représentations liées aux arts de la table dans la faïence et la porcelaine françaises du XVIIIème siècle sont diverses. Il s'est donc avéré plus pertinent d'étudier une manufacture.

une « chimie » (constituée de savon noir et colle de parchemin)[303].

Cependant, cette porcelaine tendre est considérée comme artificielle car les éléments qui la composent ne sont pas directement extraits de la terre. En effet, le composant principal de la véritable porcelaine de Chine est le kaolin, qui ne sera exploité en France qu'à partir de 1768 avec la découverte des carrières de Saint-Yrieix dans le Limousin.

La porcelaine dure, jugée naturelle est composée de kaolin, de quartz et de feldspath ; elle est fabriquée à Sèvres dès l'année suivante. À partir de 1774, les sculptures de porcelaine sont réalisées presque exclusivement grâce à cette pâte dure alors que pour les autres objets on utilise encore la pâte tendre. Avec la fabrication de cette porcelaine dure, la manufacture entame également des recherches sur les couleurs qui ne sont pas les mêmes pour les deux pâtes.

Le second aspect est dû à son statut de manufacture royale. En cela, elle se distingue des autres manufactures dans le sens où elle a un règlement à part (autorisation de l'utilisation du chiffre du roi, privilège de l'application de l'or).

De plus, elle est devenue manufacture royale sous l'influence de madame de Pompadour et elle est financièrement soutenue par le roi. Enfin, le roi,

---

[303] M. Brunet, A. Faÿ-Hallé, D. Lion-Goldschmidt, M. Paul-David, T. Préaud, « Porcelaine », in *Encyclopaedia Universalis*.

commandant des pièces à Sèvres, la manufacture est un reflet des goûts et des modes de la cour de France.

Est également notable une diversité dans la fonction de certains objets. Il en est ainsi des figurines qui ornaient tout aussi bien la table (surtouts) que le mobilier d'une pièce (cheminée, meubles, etc.).

Le *corpus* constitué pour cette étude comprend diverses œuvres allant de 1752 à 1786. Il est donc intéressant de voir comment, sur une période de trente-quatre ans, les objets en porcelaine liés aux arts de la table et à l'ornementation (par leur fonction ou leur décoration), évoluent d'un point de vue technique et stylistique.

Pour ce faire, il convient d'étudier ces objets selon leur technique. Ceux sculptés sont des représentations de personnages isolés ou en groupe, principalement en biscuit.

Les objets peints, quant à eux, sont de deux types.

D'une part, on trouve des objets décorés de chinoiseries, de scènes militaires et de sujets flamands ; ces derniers étant des reprises des peintures de l'artiste flamand du XVIIème siècle, David Téniers le Jeune (1610-1690).

D'autre part, il existe des plaques en porcelaine qui, à l'origine, sont faites pour décorer les meubles mais qui peuvent également être de véritables tableaux.

C'est donc après avoir recensé et analysé ces différents accessoires, sculptés et peints, que l'étude portera sur le décalage et l'innovation des scènes figurées durant le règne de Louis XVI. Même si cet aspect sera moins développé que les deux autres sujets, en raison d'un *corpus* moins étendu et d'études précises déjà effectuées sur le sujet.

Les changements dans le matériau des objets de table et d'ornement : de l'orfèvrerie à la porcelaine.

Avec la promulgation des édits somptuaires[304], la vaisselle d'or est, à partir du règne de Louis XIV, progressivement remplacée par la vaisselle en céramique (faïence et porcelaine). Plusieurs fontes ont lieu au cours du règne du Roi-Soleil afin de remplir les caisses de l'État vidées par les guerres.

Ces fontes ont marqué les esprits de la cour comme on peut le voir à travers les divers témoignages du marquis de Dangeau, du duc de Saint-Simon ou encore de la Princesse Palatine. Cette dernière dans sa correspondance mentionne l'envoi de la vaisselle à la Monnaie. Dans une de ses lettres, elle explique que

« Le roi est si bien décidé de continuer la guerre, que ce matin il a envoyé à la Monnaie tout son service en or, les assiettes, les plats, les salières, en un mot tout ce qu'il avait d'or, pour en faire des louis.[305] »

À partir de la fin du XVIIème siècle et durant tout le XVIIIème siècle, des manufactures de faïence et de porcelaine vont donc se créer et se développer en

---

[304] M. Marion, *Dictionnaire des institutions de la France XVIIème-XVIIIème siècles*, p. 513-514.

[305] *Lettres de la Princesse Palatine (1672-1722)*, lettre du 8 juin 1709, p. 275.

cherchant à imiter cette porcelaine brillante, translucide et d'une extrême blancheur.

Cette évolution qui marque le passage de l'orfèvrerie à la céramique est transcrite dans l'iconographie. En effet, on peut prendre pour exemples les œuvres de deux artistes, réalisées à environ un demi-siècle d'écart et dont l'attention est portée sur les objets liées à la table et à l'ornementation. Dans le *Grand buffet d'orfèvrerie*[306] d'Alexandre-François Desportes (1661-1743) datée de 1726, la plupart des objets présentés (plateaux, aiguières, fruitier, terrine) sont des objets d'orfèvrerie. À l'inverse, la *Nature morte*[307] de Jean-Étienne Liotard (1702-1789) de 1781-1783, présente un service à thé en porcelaine ; seules les cuillères et la pince à sucre sont en métal ce qui montre la fulgurante évolution de la porcelaine durant le XVIIIème siècle.

Les figurines de porcelaine

Durant les premières années de sa production, la manufacture de Sèvres s'inspire des formes et de la décoration des porcelaines de l'Extrême-Orient mais aussi de la Saxe où, à la manufacture de Meissen, le secret de la porcelaine dure a déjà été trouvé dès 1709. L'arrivée du peintre Jean-Jacques Bachelier (1724-1806)

---

[306] Alexandre-François Desportes, *Grand buffet d'orfèvrerie*, 1726, huile sur toile, 260x190 cm, Paris, collection Helft.
[307] Jean-Étienne Liotard, *Nature morte*, 1781-1783, huile sur toile, Malibu, The J. Paul Getty Museum.

comme directeur des ateliers de peinture et de sculpture marque l'abandon de la référence à la manufacture de Meissen au profit d'un style plus personnel. Cela se constate notamment avec la mode du biscuit, sculpture blanche, unie et mate c'est-à-dire non glacée. Bien qu'étymologiquement le terme de biscuit signifie « cuit deux fois », le biscuit de Sèvres est une sculpture de porcelaine sans couverte qui a subi une seule cuisson.

Si le biscuit peut servir de figurine décorative (mobilier), à partir de 1755, il fait son apparition sur la table et devient un élément constitutif de la décoration des surtouts de table. Le surtout de table est un accessoire apparu à la fin du XVIIème siècle. C'est un objet d'orfèvrerie que l'on dispose au milieu de la table et qui y reste présent tout le long du repas ; il sert à rassembler les divers accessoires dont on a besoin et qui doivent être utiles à tous les services.

Les traités culinaires ou dictionnaires du milieu du XVIIIème siècle en donnent la définition. Ainsi, le sieur Gilliers, dans son ouvrage *Le Cannaméliste français* daté de 1751, explique que le surtout « est une machine d'argent que l'on met dans le milieu d'une table pendant tous les services : on la garnit ordinairement d'huiliers, de sucriers, de citrons & de bigarades[308] ».

---

[308] Gilliers, *Le Cannameliste français ou nouvelle instruction pour ceux qui désirent apprendre l'Office, rédigé en forme de dictionnaire, contenant les Noms, les descriptions, les usages, les chois, & les principes de ce qui se pratique dans l'Office. Par le sieur Gilliers, chef d'office & distillateur de Sa Majesté le Roi de Pologne, Duc de Lorraine & de Bar.*, p. 227. Il

Le dictionnaire de Trévoux, dans son édition de 1752, explique que le surtout est

> « une piéce de vaisselle d'argent, ou du moins de cuivre doré, que l'on sert sur la table des Grands, & où l'on place le sucrier, le poivrier, le vinaigrier, les salières, le fruit. Le surtout a aussi plusieurs bobêches à proportion de sa grandeur, dans lesquels on place des bougies.[309] »

Si à l'origine les surtouts sont des objets d'orfèvrerie dont le rôle est utilitaire, peu à peu, cet aspect utilitaire va perdre de son importance au profit de l'aspect décoratif. Même si les premiers surtouts procédaient d'une volonté esthétique indéniable, leur naissance est due à un besoin lié aux usages de table. Dans le *Portrait de l'orfèvre Nicolas Delaunay et sa famille*[310], datant de 1704, Robert Levrac-Tournières (vers 1667-1752) montre l'orfèvre du roi désignant de sa main le surtout qu'il a réalisé pour Louis XIV.

Ce surtout, l'un des premiers à avoir été réalisé, est un objet d'orfèvrerie composé d'un plateau sur lequel se trouvent les divers accessoires utiles à un repas et des bras de lumières partent du centre du plateau ; des espaces sont aménagés pour l'emplacement de ces accessoires. Le surtout a une position centrale sur la table et, à l'origine, n'occupe pas une place importante, quant à sa taille.

---

existe aussi des dormants qui ont la même fonction que le surtout mais qui sont montés à l'Office à l'aide de jattes, gobelets, etc.

[309] *Dictionnaire universel françois et latin, vulgairement appelé « Dictionnaire de Trévoux »*, p. 1930.

[310] Robert Levrac-Tournières, *Portrait de l'orfèvre Delaunay et de sa famille*, 1704, Caen, musée des Beaux-Arts.

C'est par la suite que sa place sera de plus en plus grande et, au fil du temps, l'objet va se développer. On peut prendre pour exemples les repas du dernier tiers du XVIIIème siècle avec notamment deux dessins, certainement deux services d'un même repas, conservés au département des dessins du musée des Arts Décoratifs de Paris[311]. Ils montrent que la place du surtout est considérable : celui-ci s'est étalé et occupe la quasi-totalité de la surface de la table.

De plus, les accessoires qui autrefois se trouvaient sur le surtout sont à présent directement disposés sur la table. Entre les couverts et le surtout mais aussi aux angles de la table entre les couverts eux-mêmes, alternent divers accessoires parmi lesquels on note des huiliers-vinaigriers et des boîtes à épices.

Cependant, cet étalement se fait très souvent grâce à des statuettes en porcelaine comme on peut le voir sur la gravure de Moreau le Jeune (1741-1814) qui représente *Le Festin royal* donné le 21 janvier 1782 à l'occasion de la naissance du dauphin, fils de Louis XVI[312]. Un surtout de très grandes dimensions présente un décor architecturé, composé de trois temples circulaires, celui du milieu plus élevé que les deux autres, au milieu desquels sont disposés divers

---

[311] Anonyme, *Plans pour une table de cinquante couverts*, vers 1770, encre, lavis, 22x58 cm, Paris, musée des Arts Décoratifs, cabinet des dessins.

[312] Jean-Michel Moreau dit Moreau le Jeune, *Le festin royal*, gravure, 46x36,4 cm.

objets en porcelaine de Sèvres. Le surtout devient ainsi un élément purement décoratif[313].

La manufacture de Sèvres a réalisé à plusieurs reprises des figurines en biscuit d'après les modèles de François Boucher (1703-1770), en 1752 et 1755, et d'Étienne Falconet (1716-1791), en 1757. Sont conservés des biscuits qui représentent *La mangeuse de bouillie*[314] (ou de crème), d'après Boucher (1755) et *Le marchand de colifichets*[315] d'après Falconet (1757). Ces deux objets représentent des enfants aux visages calmes et sereins ; ce sont des personnages issus du monde du théâtre et de l'univers pastoral présentés dans une occupation de la vie quotidienne. Ces deux enfants appartiennent à une série de plusieurs personnages montrés dans diverses occupations pas nécessairement liées aux arts de la table qui n'est pas un sujet de prédilection mais qui s'insère dans un thème plus large. Ainsi, même s'ils ont partie liée avec ce thème culinaire, ces biscuits s'intègrent dans une sorte de programme iconographique de représentation d'un univers irréel, idéalisé.

---

[313] Sandrine Krikorian, « Les surtouts de table au XVIIIème siècle : un langage visuel artistique et patriotique », actes du CTHS 2014 *Langages et communication : écrits, images, sons,* sous la direction de Mireille Corbier et Gilles Sauron, éditions du CTHS, 2018, p. 191-197.

[314] François Boucher (d'après), *La mangeuse de bouillie,* 1755, biscuit, porcelaine tendre, 19x13,1x9,2 cm, Paris, musée des Arts Décoratifs.

[315] Étienne Falconet, *Le marchand de colifichets* dit aussi *Le marchand de gimblettes,* 1757, biscuit, porcelaine tendre, 14,8 cm de haut, Sèvres, musée national de la céramique.

Les biscuits ont donc pour modèles des personnages existant déjà dans l'imaginaire, dans les mentalités des hommes et des femmes du XVIIIème siècle avec lesquels ces derniers sont donc familiarisés. Boucher (et Falconet à sa suite), remploie des motifs existant qui vont être adaptés à un nouveau support. On relève donc dans ces objets un conformisme thématique malgré l'innovation que représente leur application.

Les repas dans la peinture sur porcelaine

La peinture de porcelaine concerne deux types de supports : les objets de table et d'ornement ainsi que les plaques. Les objets conservés attestent cette décoration et les peintures en confirment également l'existence. Dans *Le petit déjeuner*[316], Liotard présente une composition figurant deux personnages : une femme assise regarde une jeune servante qui est en train de lui apporter un plateau sur lequel se trouvent un verre d'eau et une tasse avec sa sous-tasse présentant un décor peint. Les scènes peintes liées au repas concernent un décor de chinoiseries, des scènes militaires et des représentations à sujet flamand dont les compositions sont issues des œuvres de David Téniers le Jeune.

---

[316] Jean-Étienne Liotard, *Le petit déjeuner*, 1754, pastel sur parchemin, 61x51 cm, Munich, Alte Pinakothek.

Le décor de chinoiseries est fréquent sur les accessoires ; à Sèvres il était réalisé d'après les modèles réalisés par Charles-Nicolas Dodin (1734-1803), décorateur à la manufacture de 1754 à 1803. Ce peintre a présenté environ vingt-cinq compositions à sujet chinois dont les sources d'inspiration pouvaient venir directement d'Extrême-Orient, mais étaient plus généralement issues des compositions de François Boucher (1703-1770).

L'un de ces décors figure sur un vase pot-pourri[317] « girandole » réalisé vers 1762[318]. La scène se situe en extérieur ; deux hommes sont attablés et l'un d'eux est en train de servir une tasse de thé. L'intérêt de cette illustration réside principalement dans la représentation des accessoires. Les tasses et leurs soucoupes sont assorties à la théière ; il s'agit donc d'un service complet. Cette présence d'un décor de chinoiseries sur les objets de porcelaine est un reflet du goût pour un exotisme issu d'Extrême-Orient, à mettre en parallèle avec une vision occidentale.

Dans cette représentation, l'exotisme se situe à deux niveaux. On a, d'une part, des motifs de chinoiseries insérés sur un objet en porcelaine dont les formes et le goût sont français, qui sont le résultat d'une hybridation des genres. D'autre part, la boisson elle-

---

[317] Les vases pots-pourris étaient disposés sur la table pour permettre la diffusion de l'odeur des fleurs mises à l'intérieur.

[318] *Vase pot-pourri « girandole » ou « à bobèches »* à petit fond vert, décor attribué à Charles-Nicolas Dodin, vers 1762, porcelaine tendre, Paris, musée du Louvre.

même, le thé, est importée d'Extrême-Orient que l'on consomme en France depuis le XVIIème siècle au départ pour ses vertus thérapeutiques puis par simple goût (anglomanie).

L'importation et la consommation du thé (mais aussi du café et du chocolat) vont entraîner de nouveaux usages ainsi que la création d'accessoires propres à leur utilisation : durant le XVIIIème siècle de nombreux services à café, à thé ou à chocolat en porcelaine sont produits. Le goût pour l'exotisme, notable dans ces objets de porcelaine, l'est également durant le XVIIIème siècle à travers tous les arts appliqués (peinture, tapisserie, textile, boiseries, etc.)[319].

Les représentations de repas militaires sur les objets en porcelaine présentent des motifs peu variés. Il ne s'agit pas de repas en tant que tels mais de scènes de camp dans lesquelles l'accent est mis sur la préparation et/ou la consommation de mets et de boissons. On peut y voir, de façon générale, un ou plusieurs soldats en compagnie d'une femme qui s'occupe de la boisson ou qui s'active devant un feu.

Un « vase à têtes d'éléphants[320] », datant d'environ 1760[321], montre l'une de ces scènes de camp militaire.

---

[319] Sandrine Krikorian, *À la table des élites, op. cit.*

[320] « Le vase se distingue par un col plus allongé et achevé [que l'urne antique à oreilles dont il se distingue peu] par une double bordure dentelée qui éloigne toute idée de couvercle. La base, terminée de la même manière [que l'urne antique à oreilles] par une petite moulure, repose sur le socle évoqué à propos de la « cuvette à masques ». De nombreux exemplaires de « vases Duplessis à têtes d'éléphants » ont été fabriqués en trois

Le vase est composé d'un socle, avec des pieds en forme de volutes, sur lequel repose le corps de l'objet. Les anses à têtes d'éléphants relient la panse et le col. Le vase a un fond rose, ce qui est une couleur fréquente pour les objets réalisés en porcelaine tendre[322].

La scène se trouve au centre de la panse et elle est entourée d'un décor de feuilles vertes et dorées[323]. La composition de ce vase à tête d'éléphants a certainement été réalisée d'après un modèle de Jean-Louis Morin (décorateur qui a travaillé à la manufacture de 1754 à 1787 qui a fait sa spécialité des marines et des scènes militaires). La scène se déroule en extérieur, devant un camp. La composition est de forme triangulaire : quatre soldats (trois assis et un debout) se trouvent autour d'un tonneau et ils tiennent des verres et un pichet de vin. Une jeune femme se trouve à droite de la composition. Elle est agenouillée et tient une cruche qu'elle a mise sous un tonneau afin de la

---

grandeurs. » M. Brunet, T. Préaud, *Sèvres des origines à nos jours*, p. 66.

[321] *Vase à têtes d'éléphants*, décor attribué à Jean-Louis Morin, vers 1760, porcelaine tendre, Waddesdon Manor.

[322] En effet, les couleurs utilisées pour les fonds de cette pâte sont peu nombreuses. On trouve deux sortes de bleus (nouveau et céleste), le vert de Saxe, le jaune, le violet aubergine et le rose. La palette pour les fonds colorés augmentera avec la fabrication d'objets en porcelaine dure.

[323] Cette décoration semble être un décor habituel de la manufacture. Une cuvette, conservée au département des objets d'art du musée du Louvre, présente le même principe : des feuilles vertes et or encadrant une scène (militaire également) sur fond rose.

remplir. Elle a la tête tournée vers le soldat qui tient un pichet et celui-ci tend sa main vers le visage de la jeune femme. Dans cette scène transparaît la notion de galanterie, caractéristique des scènes de camp militaire qui mêlent, allient enivrement et libertinage érotique. Le rapport entre ces deux aspects est étroit durant le XVIIIème siècle et les représentations de repas dans lesquelles ils se mêlent sont nombreux : fêtes galantes, repas de chasse, etc.

Les scènes militaires sont l'un des sujets où ces notions se retrouvent assez souvent. Un « vase antique ferré[324] », daté de 1767[325] et conservé à la Wallace Collection de Londres, montre, là encore, une scène de camp militaire due à Jean-Louis Morin.

La scène se déroule devant une tente et à gauche, à l'arrière plan, on peut voir plusieurs soldats. Cependant, ce sont les deux personnages du premier plan qui nous intéressent : un soldat est assis sur un tonneau, à côté d'une jeune femme qui tient une poêle à

---

[324] « La forme de ce vase, connue sous le nom adopté par Troude, a sans nul doute été désignée autrement au XVIIIème siècle. [...] Ce vase d'apparence lourde, bardé d'une pesante cuirasse composée de plaques accrochées par des cordages et reliées entre elles par des anneaux et des boucles, réunit un maximum d'éléments décoratifs en creux et en relief. Son succès, attesté par le nombre de spécimens survivants, tient peut-être aux surfaces offertes à la décoration. [...] Les « vases antiques ferrés » vont souvent par paires de couleurs, bleu foncé, bleu céleste ou vert [...]. » M. Brunet, T. Préaud, *op. cit*, p. 98. Le vase présenté ici fait partie d'une paire.
[325] *Vase antique ferré*, décor attribué à Jean-Louis Morin, vers 1767, porcelaine tendre, Londres, Wallace Collection.

manche long au-dessus d'un feu. Le soldat tient un verre de vin dans sa main droite et attrape la femme de son bras gauche.

Là encore, l'allusion à la galanterie est présente et même si quelques aspects divergent, on retrouve les mêmes éléments dans les deux compositions : la scène se déroule en extérieur devant une tente, une jeune femme s'affaire au service de la boisson ou à la cuisson des aliments afin de désaltérer ou de nourrir les soldats et l'un d'eux, dont l'état d'ébriété semble plus ou moins avancé, l'enlace.

De plus, ces deux compositions sont représentées sur un vase. Cependant, la forme et la décoration générale du second sont différentes. Le fond coloré est bleu et la scène est entourée par deux guirlandes qui finissent par un nœud dans la partie supérieure, la décoration sculptée est plus abondante et plus en relief que dans la composition précédente.

L'étude de ces deux vases permet de constater qu'en fait, l'iconographie ne varie pas réellement. Les deux scènes ont très certainement été réalisées d'après les modèles du même artiste et leur interprétation est identique. Ce qui change réellement est la forme des vases, leur décoration sculptée ainsi que les ornements qui les composent. En fait, la recherche de variation dans ces objets réside donc dans la combinaison décorative de l'objet lui-même alors qu'on note un certain conformisme entre les scènes pourtant produites à près de dix ans d'intervalle dans une manufacture où le renouvellement des formes et des décors était important.

Un dernier thème reste à analyser : les représentations de sujets flamands d'après les peintures de David Téniers. Plusieurs cuvettes à fleurs, datant de 1760, présentent ces motifs. L'une d'elles[326] montre une scène de genre paysanne qui se déroule devant une maison. À une table se trouvent un homme debout et une femme, son enfant sur les genoux. Une de ses mains est posée sur l'épaule de sa femme et de l'autre il tient une cruche qui se trouve sur la table. La femme est vue de trois-quarts face et regarde sur la gauche le personnage debout à côté du petit groupe.

Une autre cuvette[327] présente également une scène paysanne à sujet flamand. Les personnages sont assis autour d'une table devant une maison. À gauche du groupe, une femme est assise, vue de profil ; elle tient son enfant contre elle. Au centre de la table un couple est installé ; l'homme a sa main droite posée sur une cruche et son bras gauche entoure les épaules de la femme qui tient un verre de vin entre ses mains. En réalité, ces divers personnages sont directement issus de la 4ème fête flamande peinte par Téniers. Ici, il s'agit d'une reprise d'une gravure de ce tableau par Le Bas[328]. Le couple avec son enfant figuré sur la première cuvette

---

[326] *Caisse à fleurs* à fond bleu lapis caillouté, décor d'une scène flamande d'après David Téniers peint par Vieillard et Caton, 1760, porcelaine tendre, Londres, Wallace Collection.
[327] *Cuvette à fleurs « à compartiments » ou « à Choisy »*, décor d'une scène flamande d'après David Téniers peint par Vieillard, 1760, porcelaine tendre, Paris, musée du Louvre.
[328] Le Bas d'après David Téniers, *4ème fête flamande*, Paris, BNF, cabinet des estampes.

est un motif de la composition qui se trouve en bas à droite[329]. Les personnages de l'autre cuvette (le couple et la mère tenant son enfant contre elle) sont également issus de cette composition. À gauche, un couple est assis à une table avec le personnage masculin qui tient une cruche dans sa main droite et la femme de son bras gauche. Celle-ci tient son verre à deux mains. À droite de ces personnages, une femme est vue de profil avec son enfant tourné et serré contre elle parmi d'autres personnages qui sont absents sur la cuvette. Ainsi, le modèle n'est pas seulement repris dans les gestes et attitudes des personnages, mais ces derniers sont extraits et réutilisés dans une composition différente et avec d'autres personnages : on fragmente la scène pour en créer une autre.

Pour les compositions d'après Téniers, comme pour les scènes militaires, ce qui importe est la forme et la décoration générale des objets plus que la scène en elle-même. En effet, la cuvette conservée à la Wallace collection est à fond bleu lapis et elle repose sur un socle à pieds carrés, décorés d'éléments sculptés alors que la cuvette conservée au musée du Louvre est à fond rose et aucun élément n'est rajouté. Bien qu'il y ait peu de différences (les cuvettes ayant été réalisées la même année) on a tout de même une recherche dans la forme et la décoration des objets.

---

[329] On peut voir que seul ce petit groupe est extrait de cette scène. En effet, dans la gravure, la femme regarde des personnages en train de danser alors que sur la cuvette, elle regarde un homme debout, tourné vers elle.

De plus, ces compositions sont intéressantes, car elles sont un témoignage du goût des collectionneurs français de ce XVIIIème siècle ; nombreux sont ceux qui possédaient des tableaux peints par les peintres flamands et hollandais, notamment ceux de Téniers[330]. Cette vogue a même entraîné la reproduction gravée de certaines œuvres, comme la 4ème fête flamande que l'on vient de voir. Cette gravure est dédiée à la marquise de Pompadour qui en conservait une dans sa résidence de Saint-Ouen et l'exposait dans un cadre de verre comme cela est indiqué dans son inventaire après décès : « 1284. 134. La quatrième fête flamande de Le Bas, d'après de Téniers ; prisée douze livres. Cy XII lt.[331] »

Les objets en porcelaine que nous venons d'étudier offrent donc un point commun malgré leurs sujets différents. Que ce soit dans la représentation des chinoiseries, des scènes militaires ou des sujets flamands du XVIIème siècle, la décoration peinte compte moins que la forme ou la décoration générale (fonds colorés, éléments sculptés, etc.) ; elle est comme subordonnée aux innovations techniques de la manufacture de porcelaine.

Si les accessoires décorés de compositions peintes de repas sont abondants, il existe également des plaques en porcelaine qui vont connaître une grande

---

[330] C. B. Bailey, P. Conisbee, T. W. Gaehtgens, *Au temps de Watteau, Chardin et Fragonard. Chefs-d'œuvre de la peinture de genre en France*, La Renaissance du livre, 2003.
[331] J. Cordey, *Inventaire des biens de madame de Pompadour*, rédigé après son décès, Paris, 1939.

vogue à la fin du XVIIIème siècle dont le rôle est identique à celui des tableaux[332].

Ainsi, Amédée Van Loo a réalisé, en 1777, des cartons pour une série appelée *Le costume Turc*. Cette série a été transcrite en tapisserie par la manufacture des Gobelins et l'une des pièces représente *Le Petit Déjeuner de la Sultane* où l'on peut voir une jeune femme habillée en sultane, entourée par des serviteurs, dont deux portent des plateaux avec une théière et une cafetière. La manufacture de Sèvres a récupéré cette composition et, en 1783, Pithou le Jeune en a réalisé un tableau de porcelaine[333].

Décalage et innovation des scènes figurées sous le règne de Louis XVI

Sous le règne de Louis XVI, avec des personnalités artistiques de la manufacture telles que Jean-Jacques Bachelier[334], Louis-Simon Boizot[335] ou Pierre-Philippe Thomire[336], on assiste à la fois à une reprise

---

[332] Louis XVI possédait vingt-deux tableaux sur porcelaine. C. Baulez, « Versailles, vers un retour de Sèvres », in *Revue du Louvre et des musées de France*, p. 62-76.

[333] Pithou le Jeune, *Le déjeuner de la sultane*, 1783, pierre tendre, 40,5x48,5 cm, Sèvres, musée national de la céramique.

[334] Bachelier est peintre et chef des ateliers de peinture entre 1751 et 1793.

[335] Boizot est chef de l'atelier de sculpture de 1773 à 1809.

[336] Thomire est fondeur et ciseleur de 1783 à 1815.

d'œuvres plus anciennes et à un renouvellement du modèle iconographique.

Des exemples d'objets peints et de plaques montrent un certain décalage, pour ne pas dire un décalage certain dans les scènes représentées. François Boucher a donné comme modèle les personnages de son tableau *L'automne pastoral* de 1749 représentant un couple de bergers [337]. Dès 1752, ce sujet (une scène de la pantomime *Les vendanges de Tempé* écrite par Charles-Siméon Favart (1710-1792) et représentée à la foire Saint-Laurent en 1745[338]) a été transcrit en biscuit : les *Mangeurs de raisin*[339]. Ce qui est plus intéressant est la représentation sur un « Vase antique ferré dit de Fontenoy » datant de 1779 environ[340]. On note donc la transcription du même motif des mangeurs de raisin à près de trente ans d'intervalle.

---

[337] François Boucher, *L'automne pastoral*, 1749, huile sur toile, 263x198,6 cm, Londres, Wallace Collection. Ce tableau est une composition mettant en scène, au premier plan, un couple de bergers. Le jeune homme agrippe de sa main droite un panier rempli de raisin posé sur sa hanche et de sa main gauche, il porte une grappe à la bouche de la jeune fille qui est assise devant lui.
[338] D. Guillemé-Brulon, « Le premier surtout de table en biscuit de Sèvres », in *L'Estampille*.
[339] François Boucher (d'après), *Les mangeurs de raisins*, 1752, biscuit, porcelaine tendre, 22,5 cm de haut, Sèvres, musée national de céramique.
[340] *Vase antique ferré dit de Fontenoy* (certainement), décor d'après François Boucher, vers 1779, porcelaine tendre, Londres, Wallace Collection.

Un autre exemple concerne une plaque de porcelaine. Conservée à Sèvres et représentant un *Chien gardant du gibier*[341] peinte d'après un tableau d'Alexandre-François Desportes (1661-1743). À l'exception de quelques éléments, comme l'absence de la haie et la présence du perroquet à la place d'un objet d'orfèvrerie, la composition est identique à celle du tableau de Desportes.

Ainsi, un même thème, un même tableau, est repris environ un demi-siècle après sa réalisation sur un support différent, nouveau. Là encore, comme pour les objets peints, on assiste à un conformisme dans les styles et à une invention dans la technique. Dans le cas de cette dernière œuvre, si le modèle est ancien, l'achat de ce modèle par la manufacture est tardif. En effet, le comte d'Angiviller, soucieux de trouver lui-même des modèles à fournir à la manufacture royale, accepte la proposition de Nicolas Desportes, neveu d'Alexandre-François, c'est-à-dire l'achat de la totalité des tableaux que son oncle possédait dans son atelier[342]. Cet achat est réalisé en octobre 1784.

Ces deux exemples confirment les assertions démontrées précédemment. Cependant, sous le règne de Louis XVI, comme cela a été indiqué *supra*, on assiste à une innovation dans les scènes figurées. En 1775, Josse-François-Joseph Le Riche (modeleur, sculpteur et chef des sculpteurs à la manufacture de 1757 à 1768

---

[341] Castel d'après Desportes, *Chien gardant du gibier*, 1784-1786, pierre tendre, Sèvres, musée national de la céramique.
[342] *L'atelier de Desportes à la manufacture de Sèvres*, p. 18.

puis de 1775 à 1801) donne un modèle pour un sujet : *Le déjeuner*. Ce modèle a été transcrit à la fois en biscuit[343] et en peinture[344], certainement sur un « vase cyprès Furtado[345] ». Malgré quelques variations entre les deux pièces dues principalement à la différence de support, on peut voir un groupe de personnages composé d'une mère prenant son café, de ses enfants et d'une servante.

Ces objets sont intéressants, car ils montrent une scène de la vie quotidienne contemporaine de la période durant laquelle a été réalisé le modèle. Ils permettent également de voir un renouvellement du répertoire iconographique[346] sur des supports déjà existants (bien que le biscuit soit réalisé en porcelaine dure), ce qui est une inversion par rapport aux œuvres que l'on a pu voir précédemment où l'iconographie et le style des représentations figurées varient peu alors que les supports se diversifient. Ainsi, à travers cet

---

[343] Josse-François-Joseph Le Riche, *Le déjeuner*, 1775, biscuit, porcelaine dure, Versailles, musée national.

[344] *Vase cyprès Furtado* (certainement), décor peint par l'un des frères Pithou d'après Josse-François-Joseph Le Riche, conservation inconnue.

[345] « Par ses trois gorges superposées aboutissant à une gracieuse encolure », il évolue peu par rapport à d'autres vases ovoïdes tels que le « vase de côté Deparis n°1 ». M. Brunet, T. Préaud, *op. cit.*, p. 108.

[346] Un autre exemple concerne la plaque de porcelaine, citée précédemment, représentant *Le Petit Déjeuner de la Sultane* dont le modèle a été réalisé par Amédée Van Loo. Cette composition, datant de 1777, montre également ce renouvellement du répertoire iconographique.

exemple, il existe une variation ; les choses ne sont pas aussi figées qu'elles ont pu l'être auparavant. Il pourrait être intéressant de réaliser une étude sur le même sujet mais dont la chronologie concernerait la Révolution et le XIXᵉᵐᵉ siècle pour voir si cette inversion que l'on note sous le règne de Louis XVI va se développer, se généraliser ou rester marginale.

L'analyse du thème culinaire dans les objets en porcelaine réalisés par la manufacture de Vincennes-Sèvres montre que, de façon générale, on réutilise, on adapte des thèmes déjà traités sur un support nouveau. Les recherches menées tout au long du XVIIIᵉᵐᵉ siècle sur la fabrication de la porcelaine vont entraîner la création de nouveaux objets. Si la manufacture royale innove dans ce sens, cette innovation est tempérée par le conformisme que l'on retrouve dans les motifs ; les mêmes motifs peuvent être utilisés pour des supports différents : vases, cuvettes à fleurs, plateaux, tasses, etc.

De plus, il ne faut pas oublier que d'autres facteurs peuvent avoir une influence à la fois sur l'aspect esthétique (styles et formes) et sur l'aspect technique. Ces facteurs peuvent être le résultat d'événements historiques, comme on l'a vu avec la fonte de la vaisselle d'or remplacée par la céramique, mais interviennent également des facteurs sociaux comme les nouveaux usages de la vie quotidienne avec

Sandrine Krikorian

la consommation de boissons exotiques entraînant ainsi
la création de divers accessoires.

ANNEXES

<u>Annexe 1</u> : Fête donnée par Monsieur de Strasbourg (février 1679)

Fête donnée à Paris /[2] par Monsieur de Strasbourg /[3] le jour de la mascarade de Monseigneur /[4] le Dauphin. /[5] Monsieur le prince et évêque de Strasbourg, hors /[6] de ses états depuis plusieurs années et privé de /[7] presque tous ses revenus, les biens qu'il a dans /[8] l'empire ayant été confisqués et n'ayant trouvé /[9] d'azile qu'en France, donna un superbe et galant /[10] régal à Monseigneur le Dauphin, la nuit du /[11] samedi au dernier dimanche du Carnaval /[12] que ce jeune prince vint masqué à l'hôtel de /[13] Strasbourg. Le roy avoit nommé tous ceux qui /[14] devoient être de la mascarade, les dames qui /[15] eurent l'avantage d'être de ce nombre furent /[16] mesdames les duchesses de Vantadour, de la /[17] Ferté et de Foix, madame la marquise de Louvois /[18] et mesdemoiselles de Beauvais et de Fontage, /[19] les deux dernières filles d'honneur de Madame. /[20] Le jour du divertissement étant arrivé, /[21] Monseigneur le Dauphin se rendit au /[22] Palais royal accompagné de messieurs les princes /[23] de Conty et de la Roche-sur-Yon et de Monsieur le duc de /[24] Montausier et après avoir été à la foire Saint-Germain /[25] il alla voir le nouvel opéra de Bellerophon. Au /[26] sortir de ce spectacle, Son Altesse Royale donna à souper /[27] à Monseigneur le Dauphin et aux princes qui /[28] étoient venus avec luy. Madame, Mademoiselle, /[29] mademoiselle de Valois, mesdames la maréchale et /[30] la marquise de Clairambaut, mesdames les /[31] comtesses de Bregyet de Fiennes et les filles d'honneur /[32] de Madame furent du magnifique repas. Après /[33] le souper, chacun alla s'habiller et sur les dix /[34] heures du soir, monsieur de

Vendosmes, monsieur /[35] le Grand, monsieur le duc de Villeroy et monsieur le chevalier /[36] de Colbert se rendirent au Palais royal dans un /[37] déguisement d'une magnificence et d'une invention /[38] toutte extraordinaire. Peu de tems après les /[39] dames dont je vous ay parlé arrivèrent avec des /[40] habits qui n'étoient pas moins riches que /[41] entendus et ensuitte cette jllustre et belle troupe /[42] partit du Palais Royal. Monsieur le /[43] Dauphin menoit madame de Ventadour, monsieur /[44] le prince de Conty madame de la Ferté, monsieur le prince /[45] de la Roche-sur-Yon madame la duchesse de /[46] Foix, monsieur le duc de Vendosme madame la marquise /[47] de Louvois, monsieur le Grand, mademoiselle de Fontage. /[48] Monsieur le chevalier Colbert qui étoit habillé en /[49] esclave more, mais avec une magnificence qui /[50] surprenoit, n'ayant point de dame, s'attacha à cette /[51] aimable personne et fit l'offre de son esclave /[52] en portant la queüe de la robe. Monsieur le duc de/[53] Villeroy menoit mademoiselle de Beauvais. Toutte cette /[54] belle troupe étant montée en carosse, s'avança /[55] vers l'hôtel de Strasbourg. Dès qu'on la vit aprocher, /[56] le bruit des boëtes annonça son arrivée à tout Paris, /[57] et mille fusées partirent d'un feu d'artifice qui /[58] étoit sur le bord de l'eau. Plusieurs bandes de /[59] masques très magnifiques suivirent la troupe /[60] de Monseigneur le Dauphin. Parce qu'on n'en /[61] laissa entrer aucun avant que le prince fut arrivé, /[62] il entra environ sur les onze heures dans l'hôtel de /[63] Strasbourg, éclairé par dehors aussi bien que /[64] par dedans d'un nombre infiny de lumières. /[65] Monsieur de Strasbourg accompagné de monsieur le comte /[66] de Levestein, son neveu, suivi de ses gentilshommes /[67] et des officiers de sa maison, tous très lestement /[68] habillés, reçut Monseigneur le Dauphin à son /[69] carosse. Le jeune prince descendit au pied d'un /[70] grand escalier par où il monta avec toutte sa /[71] suitte dans un très superbe appartement orné /[72] de dorures et de riches tapisseries et éclairé /[73] par quantité de lustres, de girandoles de plaques /[74] d'une grande richesse. Monseigneur le Dauphin entra /[75] d'abord dans une très grande salle, à la porte /[76] de laquelle il fut reçû par Madame la comtesse de Soissons /[77] et par mesdames les comtesses de Baden et de /[78] Furstenberg. À un des bouts de cette salle dans /[79] un endroit exhaussé et fait exprès, étoit un grand /[80]

nombre des meilleurs violons de Paris. Aux deux /[81] côtés de la salle, il y avoit des espèces d'amphithéâtres /[82] par degrés, pour placer sans confusion et sans /[83] désordre, plus de mille personnes masquées ou /[84] autres pour lesquelles on avoit distribué des /[85] billets. Ces places furent remplies aussitôt que M<u>onseigneur</u> /[86] le Dauphin fut entré avec sa troupe. Monsieur /[87] arriva un peu après avec Madame, Mademoiselle, /[88] mad<u>am</u>e la duchesse de Gramont, etc.. Madame /[89] se divertit quelque tems à se cacher à tout le monde. /[90] M<u>onseigneur</u> le Dauphin fut le premier qui la reconnut. /[91] Leurs Altesses Royales s'en retournèrent vers la mynuit. /[92] L'ouverture du bal se fit par Monseigneur le Dauphin /[93] qui prit mad<u>am</u>e la duchesse de Furstenberg, nièce /[94] de m<u>onsieur</u> le prince de Strasbourg. Elle n'étoit point /[95] masquée, parce qu'elle étoit chez elle et qu'elle /[96] en faisoit les honneurs. Les personnes les plus /[97] considérables par leur naissance. Ayant dancé /[98] d'abord, chacun fut pris indifféremment, suivant /[99] la liberté que donne le bal. L'affluence des masques /[100] qui entra, ayant remply toute cette grande salle, /[101] Monseigneur le Dauphin passa dans une grande /[102] chambre qui étoit à côté et continua de dancer /[103] jusqu'à deux heures après minuit au son des meilleurs /[104] hautbois de France. Ensuitte de quoy le prince passa /[105] dans une troisième chambre qui étoit de plein pied /[106] et plus richement parée que les deux premières. Il /[107] s'y fit déshabiller sous un dais qui avoit été préparé /[108] pour le recevoir ; et après qu'il eut pris un habit /[109] à la françoise, il descendit avec tous ceux qui /[110] l'avoient accompagné dans un appartement bas /[111] où l'on devait faire medianoche. On avoit mis /[112] le couvert dans une des chambres de cet appartement. /[113] Les meubles y étoient superbes et outre les riches /[114] tapisseries dont elle étoit tendue, les girandoles, /[115] les plaques et les miroirs, tous rares dans leur /[116] manière, on voyoit encore dans l'un des bouts /[117] un très grand buffet en forme d'amphithéâtre à /[118] plusieurs degrés. Ce bufet étoit composé de /[119] vingt-quatre grands bassins de vermeil doré, de /[120] huit grands bures aussi de vermeil, de dix-sept /[121] figures portant chacune des devises, de douze /[122] soûcoupes d'un pied et demi de haut, de douze /[123] ovales (sic) d'or, de deux grandes figures d'or, seizelées /[124] sur chaque coin du bufet et de douze plaques de /[125]

vermeil et cizelées autour du même bufet portant /[126] trois flambeaux chacune. Il y avoit plus bas, /[127] sur la nappe, plusieurs figures avec de grands /[128] bures et de grandes coupes couvertes de /[129] pierreries ; et plus bas encor, cinq grandes cuvettes /[130] de vermeil doré, de huit sceaux d'eau chacune entemêlées /[131] de grands guéridons de quatre pieds de haut, sur /[132] chacun desquels il y avoit une girandole de sept /[133] flambeaux. Tout le bufet étoit de festons /[134] de fleurs sans celles qu'on y voyoit semées partout. /[135] Il y avoit, sur la droitte et sur la gauche, deux /[136] moindres bufets pour servir de décharge, sur /[137] lesquels on avoit mis plusieurs flambeaux de /[138] vermeil doré et cizelés. Sur celuy de la droitte, étoient /[139] plusieurs éguières et bures, de grands carafons /[140] or et argent cizelés, et quinze douzaines d'assiettes /[141] de vermeil doré. Celuy de la gauche étoit couvert de /[142] vaisselle d'argent et garni de quantité de verres /[143] exquis, la plupart couverts de coupes d'or. /[144] Dans le milieu de cette chambre, dont le superbe /[145] bufet faisoit l'enfoncement, on avoit dressé une /[146] table à pans, de dix-huit couverts. Monseigneur le /[147] Dauphin se plaça au haut de cette table /[148] sous un dais. Il y avoit à ses côtés une distance /[149] de deux places, après lesquelles servirent du côté /[150] droit, mesdames les duchesses de Ventadour /[151] et de Foix, avec madame la marquise de Louvois ; /[152] et à la gauche, mesdemoiselles de Beauvais et de /[153] Fontages, avec madame la princesse de Furstenberg /[154] et messieurs les princes de Conty et de la Roche- /[155] sur-Yon. Quoy que la table fut grande pour /[156] contenir dix-huit couverts, il n'y eut néantmoins que /[157] le nombre de personnes qu'on vient de nommer. /[158] On fit une salve de cent boëtes à chaque service. /[159] Au service du fruit, le plat du milieu étoit un dosme, /[160] avec quatre tours et une couronne au-dessus. /[161] Jl y avoit des dauphins dans les défauts et /[162] au-dessous du dosme un petit feu qui dura jusqu'à /[163] ce que Monseigneur le Dauphin se leva de table. /[164] On lisoit, au dehors, quelques vers à la louange /[165] du jeune prince. Monsieur le comte de Levestein /[166] servit Monseigneur le Dauphin ; les dames étoient /[167] servies par des personnes du premier rang /[168] et derière ceux qui les servoient, il y avoit /[169] un cercle de masques regardant. Il y eut une /[170] seconde table tenüe par monsieur de Strasbourg. /[171] Pendant qu'on fut à table, on fit profusion /[172] de touttes choses à ceux de dehors qui voulurent /[173] bien y prendre part. M<u>onseigneu</u>r le Dauphin se /[174] leva de table environ les quatre heures du matin /[175] et remonta en carosse une demi-heure /[176] après pour s'en retourner à S<u>aint</u>-Germain. M<u>onsieu</u>r /[177] de Strasbourg le vit partir, avec tous ceux /[178] qui l'avoient accompagné, au bruit d'un second /[179] feu d'artifice.

Archives nationales. O¹ 3264. Carnaval, bals, ballets. *Mercure* de février 1679.

<u>Annexe 2</u> : Instructions familieres pour bien apprendre à plier toutes sortes de Linge de Table, et en toutes sortes de figures

D'abord, il est necessaire de sçavoir bien bastonner et friser, parce que ce sont les deux connaissances principales que doit avoir celui qui veut s'employer à la gentille curiosité qui est ici enseignée : Mais je suppose que quiconque l'entreprend en a ouï parler, je dis seulement que pour bastonner, il faut prendre une serviette, la plier de travers, et la plisser par petits plis avec les doigts, le plus délié qu'il se peut. Cette façon peut servir à faire grand nombre de couverts, et sert même ordinairement à presenter aprés que l'on a lavé les mains, et à mettre mouiller entre deux assiettes, comme il a été dit au Traité du service de Table.

Vous la pouvez mettre au point tout de son long, ou la plier en deux, en trois ou en cœur ; et pour cette derniere façon, il faut plier par le milieu, et joindre les deux bouts ensemble, les renversant environ quatre doigts de long, lier le milieu, et roulant ces deux bouts en dedans, en sorte que ce milieu fasse une pointe longue, ce qui fera que les deux côtés formeront merveilleusement bien un coeur.

Serviettes frisée.

Lors que la serviette est bastonnée, il la faut friser par le milieu, ou par un des bouts en petits carreaux bien deliez ; mais ayez soin de bien presser les plis les uns après les autres avec les doigts, et le plus souvent que vous pourrez.

Une serviette bastonnée et frisée peut servir à un grand nombre de couverts differens.

Serviette pliée par bandes.

Prenez une serviette de travers et en pliéz une bande de la longeur d'un pouce proche de l'ourlet. Faites encore une autre bande tout proche, et de la même largeur. Continuez à faire de même des deux côtés jusqu'au bout ; renversez ensuite votre Serviette de l'autre côté, et la pliez en trois. Cette façon peut, de même que la précédente, servir à faire quantité de couverts differens.

Serviette pliée en forme de Coquille double, et frisée.

Prenez une Serviette de travers, et la pliez par le milieu : faites une bande large d'un pouce proche de ce milieu, et continuez à faire de même jusques à demi-pied prés de l'ourlet. Retournez la Serviette de l'autre côté, et y faites encore des bandes de même façon que les premieres : prenez-la de sa longueur et la bastonnez le plus que vous pourrez : relevez-en haut les plis de toutes les bandes, l'un aprés l'autre avec la pointe d'une lardoire, ou d'une épingle, et faites lemême des deux côtéz : ouvrez le bas de la Serviettte qui ne sera point plissé, enfermez un pain dedans, rassemblez bien tous les plis, et les pliez sous le pain : dressez votre Serviette de sa hauteur, et la couchez en façon d'un évantail ouvert.

Serviette pliée en forme de coquille simple.

Plier votre serviette de travers à un pied prés de l'un des ourlets, en sorte que les plis soient dessous. Faites des bandes d'un pouce de large, depuis le pli que vouz avez fait, jusques à demi-pied prés de l'ourlet. Prenez votre Serviette de sa longueur, et la bastonnez bien menu.

Vous pouvez relever les plis et la dresser de la même façon que celle qui est pliée en forme de coquille frisée.

Serviette pliée en forme de Melon double.

Prenez vôtre Serviette de travers : faites une bande dans le milieu qui soit large d'un pouce, et continuez jusques à six ou huit doigts prés de l'ourlet : Prenez-la de l'autre bout, et en faites de même : retournez-la et la bastonnez de la longueur : frisez-la, si vous voulez, de même façon que celle qui est pliée en forme de Coquille double : mettez un pain long dessous, et pliez les deux bouts de vostre Serviette sous le pain.

Serviette pliée en forme de Melon simple.

Prenez une Serviette de travers par bandes, bastonnez-la bien menu de la longueur, mettez un pain rond dessous, et la faites bien tenir aussi en rond. Vous la pouvez friser de même que celle qui est pliée en forme de Coquille double.

Serviette pliée en forme de Coq

Pliez une serviette par le milieu, et faites en sorte que les deux ourlets se joignent ensemble : bastonnez-la de la longueur le plus menu, le plus serré, et le plus bas que vous pourrez : frisez-la aussi bien menu, et la serrez en la frissant : ouvrez-la jusque à un doigt prés du milieu ; rejoignez bien les plis ensemble : mettez un gros pain rond sur le milieu de la raye ; mettez les bords de la Serviette sur ce pain : tirez la tête et le bec du coq du milieu aussi de la Serviette que vous éleverez en haut ; faites lui une creste, des barbes, des ouyes, de quelque étoffe rouge ; et pour le bout du bec, vous le formerez avec une plume taillée que vous ferez tenir avec de la gomme d'Adragon detrempée dans de l'eau d'Orange, ou d'autre senteur : tirez en la queue à l'autre bout de la raye, et élevez-la le plus haut que vous pourrez.

Serviette pliée en forme de Poule.

Pliez vôtre Serviette de même façon que la precedente, mais ne lui faites pas la queue si grande, ni si élevée.

Serviette pliée en forme de Poule ; aves ses Poussins.

Pliez vôtre Serviette de même que les deux dernieres precedentes ; mais au lieu de plier les bords sous le pain, formez-en les têtes de plusieurs petits Poulets que vous ferez sortir de dessous ses ailes.

Serviette pliée en forme de deux poulets.

Pliez vôtre Serviette en trois de sa largeur ; bastonnez-la de sa longueur, et la frisez : ouvrez la des deux côtez prés des deux rayes : mettez un pain sous chaque raye, et tirez les têtes et les queues de vos Poulets, de même qu'en celle en forme de Coq, l'une d'un côté et l'autre de l'autre.

Serviette pliée en forme de Pigeon qui couvre dans un panier

Pliez vostre Serviette de même façon que celle en forme de Coq :mettez un pain sous le milieu de la raye, et formez-la tête et la queue de votre Pigeon :faites un gros bord rond du tour de la Serviette, de laquelle vous tirerez quelques plis en forme de Pannier, et faites passer la tête et la queue par dessus les bords.

Serviette pliée en forme de Perdrix.

Pliez vôtre Serviette de même façon que celle en forme de Poulets ; et lors qu'elle sera dressée, parsemez-la de fleurs de couleur de Perdrix.

Vous pouvez former une ou plusieurs Perdrix d'une seule Serviette en lui donnant autant de plis pour former les rayes, que vous voudrez former de Perdrix.

Serviette pliée en forme de Faisan

Bastonnez une Serviette de sa longueur, et la frisez jusqu'à demi-pied prés d'un des bouts : mettez un pain rond dessous : tirez la tête du milieu de l'ourlet, et élevez vôtre Serviette le plus haut que vous pourrez : faites-en la queuë en forme d'Evantail, du bout qui ne sera moins frisé : Ayez soin de bien former les yeux et le bec, et mettez partout de fleurs de couleurs differentes.

Serviette pliée en forme de deux Chapons dans un Pâté

Pliez votre Serviette demême façon que celle en forme de deux Poulets : mettez un pain long sous chaque raye, et formez des bords de la Serviettte comme un gros bord de Pâté, par dessus lequel vous ferez passer les têtes et les queuës de vos chapons.

Vous pouvez pratiquer la même chose à l'égard de toutes sortes d'Oyseaux, et en telle quantité que vous voudrez, en pliant la Serviette autant de fois que vous voudrez faire de figurez.

Serviette pliée en forme de Lievre.

Pliez vôtre Serviette de même façon que celle en forme de Coq : ouvrez-la et mettez un pain long sous le plis du milieu : tirez la queue de la raye, et en formez la tête, les oreilles, et le col.

Serviette pliée en forme de deux lapins.

Pliez une Serviette en trois de travers : bastonnez-la de la longueur, et la frisez : ouvrez-la des deux côtez à demi-doigt prés des rayes : mettez un pain long sous chaque raye, et un petit pain à un des bouts pour former la tête : tirez les pieds des coins de vôtre Serviette, et les queuës des rayes.

Serviette pliée en forme de Cochon de Lait

Bastonnez une Serviette de travers, et la frisez : mettez un gros pain sous le milieu proche un des bouts, et à l'autre bout mettez aussi un gros pain, dont vous formerez la tête, la queuë et les oreilles du Cochon : pour les pieds, vous les formerez des quatre coins, et la queuë du milieu.

Serviette pliée en forme de Chien, avec un collier.

Faites une bande large d'un pouce, à 1 pied prés d'un des bouts de la Serviette : bastonnez-la en long, et la frisez entière hormis la bande, de laquelle vous releverez les plis avec la pointe d'une lardoire, comme la coquille frisée : mettez un pain à la Reine sous le bout, et en formez la tête, les oreilles et la gueule, dans laquelle vous pouvrez mettre un petit pain ; mais il en faut un gros et long pour former le corps de vôtre Chien, duquel vous tirerez du milieu de vôtre Serviette, et les pieds des quatre coins.

Serviette pliée en forme de Brochet

Faites une bande à un des bouts de la Serviette, qui ait demi-pied de large : faites que l'ourlet vienne joindre 1 e bout de la bande : pliez les quatre coins de cette bande en dedans de sorte qu'ils fassent une pointe au milieu un peu large : bastonnez-la de la longueur, sans friser la bande, de laquelle vous formerez la tête de vôtre Brochet : ouvrez la pointe de la bande, et mettez un pain long dedans : frisez la Serviette proche le defaut de la bande, environ quatre doigts, laissez quatre autres doigts sans friser, et frisez en quatre autres alternativement, jusques à ce que vous en laissiez quatre ou six au bout de la Serviette, qui ne soient point frisez et qui serviront pour faire la queuë : mettez un pain long sous la serviette pour former le corps.

Serviette pliée en forme de Carpe.

Faites une bande de demi-peid de large à un bout de la Serviette, de même façon qu'à celle en forme de Brochet, mais ne repliez point les bouts : plissez-la de sa longueur : frisez toute sa bande : au defaut de la bande laissez quatre doigts sans friser, et frisez le reste jusques à quatre ou six doigts prés du bout, que vous laisserez aussi sans friser pour faire la queuë : ouvrez la bande, mettez un pain rond dedans pour former la tête, et un long sous la Serviette pour former le corps.

Serviette pliée en forme de Turbot.

Pliez une Serviettte de même façon que celle en forme de Coq, mais ne frisez point les bords de la longueur à deux ou trois doigts prés : laissez aussi à un des bouts trois ou quatre doigts sans friser, dont vous formerez la queuë : ouvrez la Serviette, et mettez dessous un pain plat et fort large ; formez la tête du Turbot au droît de la raye ; élargissez autour du pain les bords qui ne seront point frisez et faites une petite queuë. Cette façon peut aussi servir à former une Barbuë.

Serviette pliée en forme de Mitre.

Pliez une Serviette de travers par le milieu, en sorte que les deux ourlets soient ensemble : pliez-en aussi les quatre coins en dedans, de façon qu'il se fasse une pointe qui ait un pouce de large : bastonnez la Serviette de sa longueur, frisez la jusques à la pointe, et mettez un pain rond dans l'endroit qui est frisé : dressez-la de la hauteur, et si vous voulez, mettez un pain long sur le rond pour la tenir en état.

Serviette pliée en forme de Poulet-d'Inde.

Pliez une Serviette de même façon que celle en forme de Coq ; mettez un gros pain dessous, faites la creste d'un morceau de taffetas rouge qui pende sur le bec : marquez la tête et la gorge de petites fleurs différentes : tirez la queuë à l'autre bout de la raye, et les ailes des deux côtez.

Serviette pliée en forme de Tortuë.

Bastonnez une Serviette tout de son long, et la frisez bien menu : mettez un gros pain rond sous le milieu : tirez la tête du milieu de l'ourlet, et l'élevez un peu en haut : tirez la queuë de l'autre côté, et la couchez un peu en bas ; enfin tirez les pieds des quatre côtez de vôtre Serviette.

Serviette pliée en forme de Croix du Saint Esprit.

Prenez une Serviette quarrée, joignez en les quatre bouts ensemble dans le milieu, renversez la de l'autre côté, et rejoignez-en les quatre pointes aussi ensemble : retournez la derechef de l'autre part, et rejoignez encore les quatre pointes ensemble : mettez un pain dessous et la Croix du Saint Esprit se trouvera formée.

Serviette pliée en forme de Croix de Lorraine

Formez une Croix du Saint Esprit : étant formée, tournez la Serviette de l'autre côté : tirez les quatre pointes du milieu vers les pointes d'enhaut, et vous trouverez la Croix de Lorraine fort bien faite.

Le Maistre d'Hostel qui apprend l'ordre de bien servir sur table & d'y ranger les serviettes. Ensemble Le Sommelier qui enseigne la manière de bien plier le linge en plusieurs figures. Et à faire toutes sortes de Confitures tant seiches que liquides. Comme aussi toutes sortes de Dragées, & autres gentillesses fort utiles à tout le monde, Pierre David, 1659.

Annexe 3 : Carnaval et bals à la cour et chez les princes et grands seigneurs

1700 : Mercure de février (chez la duchesse de Bourgogne)

La comédie finie, madame la chancelière /² mena madame la duchesse de Bourgogne /³ dans une salle où il avoit une superbe /⁴ collation desposée de manière ingénieuse. /⁵ On avoit construit, dans l'un des bouts de cette /⁶ salle, cinq boutiques qui formoient un demi- /⁷ cercle. Dans ces boutiques étoient cinq /⁸ marchands chantans ; sçavoir un pâtissier /⁹ françois, un Provençal marchand d'oranges /¹⁰ et de citrons, une limonadière italienne, /¹¹ un confiturier et un Arménien vendeur /¹² de caffé et chocolat, chantant en langue /¹³ franque tous de la musique du roy. Ils avoient /¹⁴ des habits de la nation qu'ils représentoient /¹⁵ et des garçons pour servir, vêtus de même. /¹⁶ Ces boutiques étoient ceintrées, avec les armes /¹⁷ et les chifres de madame la duchesse de /¹⁸ Bourgogne, et des lustres qui pendoient au milieu /¹⁹ des ceintres. Au-dessus de ces boutiques étoient /²⁰ écrits en grosses lettres d'or les noms de Procope, /²¹ de Lecoq, de Banachi, etc.. On avoit peint /²² touttes les choses convenables à la profession /²³ des marchands de chaque espèce. La simphonie /²⁴ étoit placée dans les angles des boutiques /²⁵ et vêtüe avec des habits assortissans à ceux /²⁶ des marchands. Le fond des boutiques étoit /²⁷ couvert de tables dorées et remplies de touttes /²⁸ les choses qu'on y devoit vendre. On y voyoit /²⁹ quantité de corbeilles magnifiques, des /³⁰ vases de cristal, d'arques et de vermeil, des jattes /³¹ et des porcelaines, le tout rempli de ce qu'on peut /³² imaginer pour une galante collation avec /[33] des guirlandes de fleurs, des miroirs et de /[34] grandes glaces. On ne peut rien s'imaginer /[35] de plus brillant que paroissoit cette petite /[36] foire. La musique étoit de l'un des maîtres de la /[37] musique du roy. On entendit un chœur /[38] composé des personnes qui parloient diverses /[39] langues et qui ne laissoient pas de bien s'accorder. /[40] Ce chœur fut suivi de trio et de duo ; et /[41] chacun chanta aussi seul en sa langue. Tout /[42] ce que l'on chanta fut à l'honneur de madame /[43] la duchesse de Bourgogne et pour invitter /[44] cette princesse à venir goûter de tout ce qui /[45] étoit dans les boutiques. À côté, il y avoit /[46] un grand cabinet entouré de gradins remplis /[47] de fruits, de confitures sèches et de paquets /[48] noués avec des rubans pour distribuer /[49] à l'assemblée. Madame la duchesse de /[50] Bourgogne en sortit très satisfaitte. Alors /[51] on laissa rentrer tous les masques, à qui /[52] on distribua des rafraîchissements.

1700 : *Mercure de février (chez Monsieur le Prince)*

Le vendredy 12, Monsieur le prince donna dans /[2] son appartement de Versailles un grand /[3] bal à madame la duchesse de Bourgogne. /[4] Cette princesse s'y rendit en habit de sultane. /[5] Une partie des dames qui l'accompagnoient /[6] étoit masquée, l'autre ne l'étoit pas. Il y avoit /[7] trois pièces. La troisième, qui étoit celle de la /[8] collation, étoit ornée à la chinoise. Il y /[9] avoit dans le fond un magnifique buffet /[10] à cinq gradins formés de glaces séparées /[11] en distances égales par des consoles dorées /[12] avec des ornements. Chaque console portoit une /[13] girandole de cristal et toutte la collation /[14] étoit posée entre ces consoles sur les quatre /[15] premiers gradins. Il paroissoit, dans le milieu /[16] du cinquième gradin, une espèce de throsne /[17] à la manière de ceux du roy de la Chine. Sur /[18] ce throsne, étoit assise une figure chinoise /[19] d'environ 4 pieds de haut, et deux petites /[20] à ses côtés. Il y avoit sur le même gradin 4 /[21] orangers dont les tiges étoient fort hautes /[22] tous chargés de fleurs et de fruits. Les /[23] caisses étoient de sculpture dorée et à jour sur un fond /[24] vers ; et la tige étoit entourée de caramel /[25] jusqu'aux feüilles. Il y avoit des seaux de /[26] porcelaine armés de vermeil remplis de /[27] fleurs naturelles. La forme de tout le bufet /28 étoit en circulant sur les deux bouts et retournant /29 en face, de manière que touttes les girandoles se /30 trouvant placées sur les angles rentrans et /31 saillans formoient plusieurs piramides /32 de lumières. La nape du bufet étoit d'étoffe /33 des judes avec des bordures régulières d'ornemens /34 d'or et de couleur et l'on voyoit sur le plein /35 détour des grotesques, dont la richesse égaloit /36 celle de la bordure. À la hauteur de cette table /37 huit autres tables de trois pieds de large. /38 Chacune ornoient le tour de la salle. Il /39 sortoit de chacune de ces tables un oranger, /40 dont on ne voyoit pas la caisse. Une petitte /41 corbeille dorée et à jour entouroit la tige /42 de chaque oranger qui sembloit en sortir ; /43 et il y avoit dans ces corbeilles des fruits /44 confits et des caramels qui montoient /45 jusqu'au haut de la tige. Sur les quatre /46 coins de chacune de ces tables, étoit une porcelaine /47 garnie d'une infinité de choses propres à la /48 collation. Douze officiers de M<u>onsieur</u> le prince /49 et vêtus en pagodes étoient assis entre /50 chacune de ces tables. Il y avoit auprès de la /51 grande table du bufet, trois pagodes jouant /52 des instruments ; et dans les deux bouts, /53 deux autres pagodes chantantes. Dans /54 le fond de la salle, vis-à-vis du bufet, étoient /55 trois grands miroirs, qui rapellant le bufet, /56 le faisoient paroître dans les deux bouts. /57 Il y avoit beaucoup de girandoles posées /58 sur des consoles d'architecture autour /59 de la salle. Quand madame la duchesse /60 de Bourgogne entra dans cette salle, les /61 pagodes postiches et les vivantes remuèrent /62 touttes la teste également, comme pour saluer /63 cette princesse ; et dans le même instant, les /64 douze officiers vêtus en chinois se levèrent /65 et tirèrent, de dessous le bufet, plusieurs tables /66 avec des couverts et des sièges où la princesse /67 et les principales dames de sa suitte firent /68 collation. Tout ce qui fut servi sur ces tables /69 y parut tout à coup comme par enchantement, /70 personne ne s'étant aperçu d'où il venoit /71 et rien n'ayant été pris sur les gradins du buffet. /72 Les douze officiers servirent à boire. Mes seigneurs /73 les ducs de Bourgogne, d'Anjou et de Berry /74 étoient masqués. Lorsques les princesses furent /75 sorties de ce lieu, l'entrée en fut permise au reste /76 de l'assemblée. Il étoit deux heures quand le /77 bal recommença. Quelques tems après qu'il /78 fut recommencé, on y apporta du caffé et /79 du chocolat sur de grands cabarets appelés bandéga /[80] en chinois. Il falloit deux hommes pour en /[81] porter un et il les portoient sur leurs épaules. /[82] Les uns étoient vêtus en turcs et les autres /[83] représentoient d'autres nations. Il y avoit, /[84] outre cela, une salle de réserve remplie de /[85] touttes sortes de boissons et on n'en refusoit /[86] à personne.

Archives nationales. O¹ 3264. Carnaval, bals, ballets. Carnaval et bals à la cour et chez les princes et grands seigneurs. Mercure de février 1700.

Bibliographie

Sources manuscrites

Archives nationales. O¹ 3264. Carnaval, bals, ballets.

Sources imprimées

BLÉGNY Nicolas de, *Le bon usage du thé, du café et du chocolat*, de en 1687.

CORDEY Jean, *Inventaire des biens de madame de Pompadour*, rédigé après son décès, Paris, 1939.

Dictionnaire universel françois et latin, vulgairement appelé « Dictionnaire de Trévoux », s.n., Paris, 1752, 7 volumes.

COURTIN Antoine, *Nouveau traité de civilité qui se pratique en France parmi les honnestes gens*, Paris, 1673 (réédition de 1689).

Dictionnaire universel françois et latin, vulgairement appelé « Dictionnaire de Trévoux », s.n., Paris, 1752, 7 volumes.

DUFOUR Philippe Sylvestre, *De l'usage du caphé, du thé et du chocolate*, 1671

FÉLIBIEN André, *Les fêtes de Versailles*, Chroniques de 1668 et 1674, éd. Dédale, Aubenas, 1994.

FÉLIBIEN André, *Les Divertissements de Versailles donnez par le Roy à toute sa cour au retour de la conquête de la Franche-Comté en l'année 1674*, Paris, 1676.

GILLIERS, *Le Cannameliste français ou nouvelle instruction pour ceux qui désirent apprendre l'Office, rédigé en forme de dictionnaire, contenant les Noms, les descriptions, les usages, les chois, & les principes de ce qui se pratique dans l'Office. Par le sieur Gilliers, chef d'office & distillateur de Sa Majesté le Roi de Pologne, Duc de Lorraine & de Bar.*, auteur (chez l'), Nancy, 1751.

GUIFFREY Jules, *Collection des livrets des anciennes expositions depuis 1673 jusqu'à 1800*, Jacques Laget, Nogent le Roi, 1990.

La Civilité nouvelle, 1667, dans Alfred Franklin, *La vie privée d'autrefois. Les repas*, Paris, 1889

Le Sommelier Royal, qui enseigne ce qui est de sa charge, et la maniere de bien plier le Linge de Table en plusieurs et diverses sortes de figures, avec d'autres gentillesses, in *Le maistre d'hostel qui apprend l'ordre de bien servir sur table & d'y ranger les services*. Pierre. David, 1659

Les Historiettes de Tallemant des Réaux. Mémoires pour servir à l'Histoire du XVIIe siècle, publiés sur le manuscrit inédit et autographe avec des éclaircissements et des par Messieurs Monmerque, Membre de l'Institut de Chateaugiron et Taschreau, Alphonse Levasseur Libraire, Paris, 1834.

Lettres de la Princesse Palatine (1672-1722), Mercure de France, 1986.

Mercure galant

Mercure de France

LA CHAPELLE Vincent, *Le cuisinier moderne, qui apprend à donner toutes sortes de repas, en gras & en maigre, d'une manière plus délicate que ce qui a été écrit jusqu'à présent ; divisé en cinq volumes, avec de nouveaux modèles de Vaisselle, & des Desseins de Table dans le grand goût d'aujourd'hui, gravez en Taille-douce ; dédié à son Altesse Sérenissime MONSEIGNEUR LE PRINCE D'ORANGE ET DE NASSAU, &c. par le sieur Vincent La Chapelle, son chef de cuisine*, seconde édition, 1742.*Mercure galant*

Études

ALBIS Antoine d', *Traité de la porcelaine de Sèvres*, Dijon, Faton, 2003.

ALBIS Antoine d', *Sèvres. 1756-1783. La conquête de la porcelaine dure. Histoire inédite de la manufacture au XVIIIᵉᵐᵉ siècle*, n°54 de la revue *Dossier de l'art*, janvier-février 1999.

Anne Vallayer-Coster. Peintre à la cour de Marie-Antoinette, Marseille, musée des Beaux-Arts, 12 avril-23 juin 2003, Somogy éditions d'art, 2003.

ARMINJON Catherine, BLONDEL Nicole, *Objets civils domestiques. Vocabulaire*, Ministère de la culture. Inventaire général des monuments de la France, Paris, 1984

ATTERBURY Paul, *Histoire de la porcelaine*, Paris, éditions Atlas, 1984.

BAILEY Colin B., CONISBEE Philip, GAEHTGENS Thomas W., *Au temps de Watteau, Chardin et Fragonard. Chefs-d'œuvre de la peinture de genre en France*, La Renaissance du livre, 2003.

BAULEZ Christian, « Versailles, vers un retour de Sèvres », dans *Revue du Louvre et des musées de France*, 1991, année 41, n°5-6, p. 62-76.

BIMBENET-PRIVAT Michèle, *Les orfèvres et l'orfèvrerie de Paris au XVIIème siècle*, édition des musées de la ville de Paris, Paris, 2002, 2 volumes.

BIMBENET-PRIVAT Michèle, « Le maître et son élève Claude Ballin et Nicolas Delaunay orfèvres de Louis XIV », in *Bibliothèque de l'école des Chartes*, 2003, tome 161, livraison 1, p. 221-239.

BLONDEL Nicole, PRÉAUD Tamara, *La manufacture nationale de Sèvres, Parcours du blanc à l'or*, Flolric, 1996.

Boire et manger en Provence du Moyen Âge à nos jours (Xème-XXème siècles). Étude archéologique et historique de la consommation alimentaire, sous la direction de Marie-Astrid Chazottes, actes du colloque 6 et 7 octobre 2020, LA3M – université Aix-en-Provence, Drémil-Lafarge, éditions Mergoil, 2023.

BOURGEOIS Émile, *Le Biscuit de Sèvres au XVIIIème siècle*, Paris, Goupil & Cie, 1909.

BRUNET Marcelle, PRÉAUD Tamara, *Sèvres des origines à nos jours*, Fribourg, Office du Livre, 1978.

DUCLAUX L., PRÉAUD Tamara, *L'atelier de Desportes : dessins et esquisses conservés par la manufacture nationale de Sèvres*, éditions de la Réunion des musées nationaux, Paris, 1982.

EBERT-SCHIFFERER Sybille, *Natures mortes*, Citadelles et Mazenod, 1999 (traduit par Denis-Armand CANAL).

ENNÈS Pierre, *Un défi au goût, 50 ans de création à la manufacture royale de Sèvres*, musée du Louvre, Paris, 1997.

ENNÈS Pierre, « Le surtout de mariage en porcelaine de Sèvres, du Dauphin, 1768-1770 », dans *Revue de l'Art*, 1987, n°76, p. 63-73.

ENNÈS Pierre, MABILLE Gérard, THIÉBAUT Philippe, *Histoire de la table : les arts de la table des origines à nos jours*, Flammarion, Paris, 1994.

FARÉ Michel, FARÉ Fabrice, *La vie silencieuse en France. La nature morte au XVIIIᵉᵐᵉ siècle*, Office du Livre, Fribourg, 1972.

FARÉ Michel, *Le Grand Siècle de la nature morte en France. Le XVIIᵉᵐᵉ siècle*, Office du Livre, Fribourg, 1974.

FAŸ-HALLÉ Antoinette, « De l'influence de l'art de Boucher sur l'œuvre de la Manufacture de Vincennes-Sèvres », in *François Boucher (1703-1770)*, Paris, Galeries nationales du Grand Palais, 18 septembre 1986-5 janvier 1987, Paris, Réunion des Musées Nationaux, 1986.

FLANDRIN Jean-Louis, *L'ordre des mets*, Odile Jacob, Paris, 2002.

François Boucher (1703-1770), Paris, Galeries nationales du Grand Palais, 18 septembre 1986-5 janvier 1987, Paris, Réunion des musées nationaux, 1986.

François Boucher. Hier et aujourd'hui, Paris, musée du Louvre, 17 octobre 2003 – 19 janvier 2004, éditions de la Réunion des musées nationaux, Paris, 2003.

FRANKLIN Alfred, *La vie privée d'autrefois. Les repas*, Paris, 1889.

GAETHTGENS Thomas W. et POMIAN Krzysztof, *Le XVIIIème siècle*, Paris, Seuil, 1998.

GLORIEUX Guillaume, *À l'enseigne de Gersaint. Edme-François Gersaint, marchand d'art sur le pont Notre-Dame*, Seyssel, Champ Vallon, 2002.

GRUBER Alain, *L'argenterie de maison*, Office du Livre, Neuchâtel, 1982.

GRUBER Alain, *Classique et baroque*, Paris, Citadelles et Mazenod, 1992.

GUILLEMÉ Brulon Dorothée -, « Le premier surtout de table en biscuit de Sèvres », dans *L'Estampille*, 1984, n°173, p. 42-50.

HECK Michèle, *Sébastien Stoskopff (1597-1657), un maître de la nature morte*, Paris, éditions de la Réunion des Musées nationaux, 1997.

JACKY Pierre, *François Desportes (1661-1743), monographie et catalogue raisonné*, 1999 (mémoire de doctorat).

JARRY Madeleine, *Chinoiseries : le rayonnement du goût chinois sur les arts décoratifs des XVIIème et XVIIIème siècles*, Fribourg, Office du Livre, 1981.

Jean-Jacques Bachelier (1724-1806). Peintre du roi et de Madame de Pompadour, Musée Lambinet de Versailles, 23 novembre 1999-19 mars 2000, Somogy éditions d'Art, Paris, 1999.

JOUSSELIN Rolland, *Au couvert du roi, XVIIème-XVIIIème siècles*, Paris, éditions Christian, 1998.

KRIKORIAN Sandrine, *Les Rois à table. Iconographie, gastronomie et pratique des repas officiels de Louis XIII à Louis XVI*, Aix-en-Provence, Presses Universitaires de Provence, 2011.

KRIKORIAN Sandrine, *À la table des élites. Les repas privés en France de la Régence à la Révolution*, Aix-en-Provence, Presses Universitaires de Provence, 2013.

KRIKORIAN Sandrine, « Les surtouts de table au XVIIIème siècle : un langage visuel artistique et patriotique », actes du CTHS 2014 *Langages et communication : écrits, images, sons*, sous la direction de Mireille Corbier et Gilles Sauron, éditions du CTHS, 2018, p. 191-197.

KRIKORIAN Sandrine, « Chocolat et café de la table de Louis XV au château de Choisy », in *À la table des châteaux*, Actes des Rencontres d'Archéologie et d'Histoire en Périgord les 26, 27 et 28 septembre 2014, Ausonius Editions, Scripta Mediaevalia 27, Bordeaux, 2015, p. 249-257, sous la direction de Anne-Marie Cocula et Michel Combet.

KRIKORIAN Sandrine, *Les Menus de Choisy*, Paris, BoD, Norderstedt, 2021.

KRIKORIAN Sandrine, « Les recettes dites "à la provençale" dans la gastronomie du XVIIIème siècle », Actes du colloque *Boire et manger en Provence du Moyen Âge à nos jours (Xème-XXème siècles). Étude archéologique et historique de la consommation alimentaire*, sous la direction de Marie-Astrid Chazottes, actes du colloque 6 et 7 octobre 2020, LA3M – université Aix-en-Provence, Drémil-Lafarge, éditions Mergoil, 2023.

KRIKORIAN Sandrine, « The diets of rich and powerful », in *Early Modern Food*, sous la direction de Roderick Phillips, Londres, Routledge, (à paraître).

L'atelier de Desportes à la manufacture de Sèvres, Louvre, 5 novembre 1982 – 24 janvier 1983, Paris, Réunion des Musées Nationaux, 1982.

LE BLANC Marianne, *D'acide et d'encre : Abraham Bosse (1604 ?-1676) et son siècle en perspectives*, CNRS, Paris, 2004.

MABILLE Gérard, « Les surtouts de table dans l'art français du XVIIIème siècle », dans *L'Estampille*, 1980, n°126, p. 62-73.

MABILLE Gérard, « L'orfèvrerie de la table royale sous Louis XIV et Louis XV », dans *Versailles et les tables royales*, Réunion des musées nationaux, 1993.

Madame de Pompadour et les arts, Château de Versailles, 13 février – 19 mai 2002, Paris, Réunion des Musées Nationaux, 2002.

MATHIEU Jean (sous la direction de), *La porcelaine de Sèvres*, Paris, éditions du Chêne, 1982.

MARION Marcel, *Dictionnaire des institutions de la France XVIIème-XVIIIème siècles*, Paris, Picard, 1984.

MICHEL Dominique, *Vatel et la naissance de la gastronomie*, Fayard, 1999.

Pagodes et dragons. Exotisme et fantaisie dans l'Europe rococo, 1720-1770, Paris, musée Cernuschi, 24 février – 17 juin 2007, Paris musées, 2007.

PATCH BASSANI Paola, *Claude Vignon 1593-1670*, Arthena, 1992.

PINOT DE VILLECHENON Marie-Noëlle, « Falconet à Sèvres ou l'art de plaire », dans *L'Estampille*, décembre 2001, n°364, p. 68-75.

PINOT DE VILLECHENON Marie-Noëlle, *Sèvres : une collection de porcelaines (1740-1992)*, Paris, Réunion des Musées Nationaux, 1992.

Porcelaines de Vincennes. Les origines de Sèvres, Grand Palais, 14 octobre 1977 – 16 janvier 1978, Paris, Réunion des Musées Nationaux, 1977.

ROSENBERG Pierre (sous la direction de), *Chardin*, Paris, Galeries nationales du Grand Palais, 7 septembre-22 novembre 1999, Réunion des musées nationaux, Paris, 1999Anne Vallayer-Coster

SALMON Xavier (sous la direction de), *Madame de Pompadour et les arts*, musée national des châteaux de Versailles et Trianon, 14 février-19 mai 2002, Kunsthalle des Hypo-Kulturstifung, Munich, 14 juin-

15 septembre 2002, National Gallery, Londres, 16 octobre 2002-12 janvier 2003, Réunion des musées nationaux, Paris, 2002

SKIRA Pierre, *La nature morte*, Skira, Genève, 1989

Sébastien Stoskopff (1597-1657), un maître de la nature morte, R.M.N., Paris, 1997

Sèvres, musée national de céramique. Nouvelles acquisitions (1979-1989), Paris, Réunion des Musées Nationaux, 1989.

TAVERNER HOLMES Mary, *Nicolas Lancret (1690-1743)*, New York, 1991.

Versailles et les tables royales en Europe. XVIIème-XIXème siècles, Paris, Éditions de la Réunion des Musées nationaux, 1993.

WILHELM MEISTER, REBER Peter Horst, *La porcelaine européenne du XVIIIème siècle*, Fribourg, Office du Livre, 1980.

TABLE DES MATIÈRES

PRÉSENTATION GÉNÉRALE 5

LES ACCESSOIRES DE TABLE DANS L'ICONOGRAPHIE DE LOUIS XIII À LOUIS XVI . 11

VAISSELLE D'APPARAT ET DE TABLE SOUS LE RÈGNE DE LOUIS XIII 12
VARIÉTÉ ET NOUVEAUTÉ DES ACCESSOIRES DE LOUIS XIV À LOUIS XVI 21
Le surtout de table 21
Pots à oille et terrines 28
La lumière à table 36
TRADITION ET INNOVATION DANS LES ACCESSOIRES DE TABLE 39
Assiettes et plats 39
Assaisonnement : salières, boîtes à épices et huiliers-vinaigriers 42
SERVICE ET CONSOMMATION DES BOISSONS EXOTIQUES ET RAFRAÎCHISSEMENTS 48

LES ACCESSOIRES DE TABLE DANS LES TRAITÉS FRANÇAIS DES XVIIᵉᵐᵉ ET XVIIIᵉᵐᵉ SIÈCLES 63

LES SURTOUTS DE TABLE 63
LES PLATS 67
LES TERRINES ET POTS À OILLES 69
AUTRES ACCESSOIRES 70
LES CAFETIÈRES, CHOCOLATIÈRES ET THÉIÈRES 71

Sandrine Krikorian

LE THÉ ET LE CAFÉ DANS L'ART FRANÇAIS AUX XVIIᵉᵐᵉ ET XVIIIᵉᵐᵉ SIÈCLES 75

PRÉSENTATION DES ŒUVRES 77
LOUIS XIV : ENTRE VOLONTÉ NORMATIVE ET ATTESTATION D'USAGES 78
LOUIS XV : LE PAROXYSME DES REPRÉSENTATIONS ICONOGRAPHIQUES 84
LOUIS XVI : ICONOGRAPHIE ARISTOCRATICO-BOURGEOISE ET NATURES MORTES 94

LES ACCESSOIRES DE TABLE AU XVIIᵉᵐᵉ SIÈCLE : OBJETS ET ICONOGRAPHIE 99

LA CAFETIÈRE, LA THÉIÈRE ET LA CHOCOLATIÈRE 99
LES MILIEUX DE TABLE OU SURTOUTS 101
LA LUMIÈRE À TABLE 105
LES ASSIETTES 108
LE CADENAS ET LA NEF 110
LES SALIÈRES 114
LA CUILLÈRE, LE COUTEAU ET LA FOURCHETTE 116
UNE INDIVIDUALISATION DU COUVERT 121
LES VERRES 124
LES BUFFETS OU DESSERTES 126
LES PLATS 128
LES FLEURS 131
NAPPES, SERVIETTES ET TAPIS 132
LES AIGUIÈRES 135

L'ICONOGRAPHIE DES ARTS DE LA TABLE DANS LA PORCELAINE DE SÈVRES AU XVIIIᵉᵐᵉ SIÈCLE 139

LES FIGURINES DE PORCELAINE 143
LES REPAS DANS LA PEINTURE SUR PORCELAINE 148

DÉCALAGE ET INNOVATION DES SCÈNES FIGURÉES SOUS LE RÈGNE DE LOUIS XVI 157

ANNEXES **163**

ANNEXE 1 : FÊTE DONNÉE PAR MONSIEUR DE STRASBOURG (FÉVRIER 1679) 163
ANNEXE 2 : INSTRUCTIONS FAMILIÈRES POUR BIEN APPRENDRE À PLIER TOUTES SORTES DE LINGE DE TABLE, ET EN TOUTES SORTES DE FIGURES 167
ANNEXE 3 : CARNAVAL ET BALS À LA COUR ET CHEZ LES PRINCES ET GRANDS SEIGNEURS 174
    1700 : Mercure de février (chez la duchesse de Bourgogne) 174
    1700 : Mercure de février (chez Monsieur le Prince) 175

BIBLIOGRAPHIE **179**

SOURCES MANUSCRITES 179
SOURCES IMPRIMÉES 179
ÉTUDES 181

TABLE DES MATIÈRES **189**

PUBLICATIONS DE L'AUTEUR **193**

AUTEUR UNIQUE 193
    Gastronomie et arts de la table 193
    Pastoralisme et transhumance 194
    Autres ouvrages scientifiques 194
    Littérature romancée 195
CO-AUTEUR (OUVRAGES COLLECTIFS, ACTES DE COLLOQUES, REVUES SCIENTIFIQUES À COMITÉ DE LECTURE) 195

Publications de l'auteur

Auteur unique

Gastronomie et arts de la table

Iconographie gastronomique, arts et usages de table en France aux XVIIème et XVIIIème siècles, Paris, BoD, Norderstedt, 2024.

Les Plaisirs de la Vie de César Pellenc (1654). Une œuvre poético-gastronomique provençale du XVIIème siècle, Paris, BoD, Norderstedt, 2023.

Les banquets dans Harry Potter, Paris, BoD, Norderstedt, 2021.

Les Menus de Choisy, Paris, BoD, Norderstedt, 2021.

Tables des riches, tables du peuple. Gastronomies et traditions culinaires en Provence du Moyen Âge à nos jours, Saint-Martin-de-Crau, GénéProvence, collection Un temps passé, 2014.

Prix Monsieur et Madame Amphoux de l'Académie des Sciences, Lettres et Arts de Marseille.

À la table des élites. Les repas privés en France de la Régence à la Révolution, Aix-en-Provence, Presses Universitaires de Provence, collection Le Temps de l'Histoire, 2013.

Les Rois à table. Iconographie, gastronomie et pratiques des repas officiels de Louis XIII à Louis XVI, Aix-en-Provence, Presses Universitaires de Provence, collection Le Temps de l'Histoire, 2011.

Pastoralisme et transhumance

Le mérinos en Provence au XIXème siècle : « Essai sur l'amélioration des laines et sur l'accroissement des troupeaux » (Chiousse, 1816), Paris, BoD, Norderstedt, (à paraître).

La bergerie nationale d'Arles (1805-1825), Paris, BoD, Norderstedt, 2023.

Pastoralisme et transhumance en Provence durant la Seconde Guerre mondiale : de l'Occupation à l'après-Libération (1939-1948), Paris, BoD, Norderstedt, collection Mélanges Pastoraux, 2023.

Les chemins de transhumance dans la Provence du XVIIIème siècle, Paris, BoD, Norderstedt, collection Mélanges Pastoraux, 2022.

La transhumance arlésienne durant la Seconde Guerre mondiale. Pays d'Arles et Camargue (1939-1942), Paris, BoD, Norderstedt, collection Mélanges Pastoraux, 2022.

Bergers et moutons de la Crau à l'alpe. Pastoralisme ovin et transhumance de la Préhistoire à nos jours, Préface de Régis Bertrand, Paris, BoD, Norderstedt, 2021.

Autres ouvrages scientifiques

Les pompiers des Bouches-du-Rhône : 100 ans d'histoire(s) de casernes à Saint-Martin-de-Crau (1925-2025), Paris, BoD, Norderstedt, (à paraître).

Et Saint-Martin-de-Crau devint indépendante… (1882-1925), Paris, BoD, Norderstedt, 2022.

Paysages animés et vie provençale XIXème-XXème siècles, livret d'exposition, Observatoire de la langue et de la culture provençales, éditions Collectif Provence, 2020-2021.

Littérature romancée

Le picon-citron-curaço de Marius Olive, Paris, BoD, Norderstedt, 2024 (à paraître).

Longo mai à l'Académie des Fadas de Marseille !, Paris, BoD, Norderstedt, 2023.

L'Académie des Fadas de Marseille, Paris, BoD, Norderstedt, 2022.

Les quatre mousquetaires pagnolesques, Paris, BoD, Norderstedt, 2020.

Co-auteur (ouvrages collectifs, actes de colloques, revues scientifiques à comité de lecture)

« The diets of rich and powerful », in *Early Modern Food*, sous la direction de Roderick Phillips, Londres, Routledge, (à paraître).

« Les recettes dites "à la provençale" dans la gastronomie du XVIIIème siècle », Actes du colloque *Boire et manger en Provence du Moyen Âge à nos jours (Xème-XXème siècles). Étude archéologique et historique de la consommation alimentaire,* sous la direction de Marie-Astrid Chazottes, actes du colloque 6 et 7 octobre 2020, LA3M – université Aix-en-Provence, Drémil-Lafarge, éditions Mergoil, 2023.

« À la table de Maupas… » et « L'horloge néobaroque des ébénistes David Frères », in *La Préfecture de Marseille,* sous la direction de Laurent Noet, Marseille, éditions David Gaussen et E.S.So.R., 2021.

« La reconstitution culinaire : une réalité virtuelle ou un rêve devenu réalité ? », in *Le réel et le virtuel,* sous la direction de Sylvie Le Clech, 144ème CTHS, Marseille, 2018, édition numérique 2021.

« Les arts de la table et la faïence provençale », in *À table en Provence 1850-1940,* actes du colloque - janvier 2015, Toulon, 2015.

« De l'entremets médiéval aux festins louis-quatorziens : propagande politique et faste royal », in *Le rituel des cérémonies* sous la direction de Jean Duma, 139ème CTHS, Nîmes, 2014, édition numérique 2018.

« Chocolat et café de la table de Louis XV au château de Choisy », in *À la table des châteaux*, Actes des Rencontres d'Archéologie et d'Histoire en Périgord les 26, 27 et 28 septembre 2014, Ausonius Editions, Scripta Mediaevalia 27, Bordeaux, 2015, p. 249-257, sous la direction de Anne-Marie Cocula et Michel Combet.

« Images du banquet royal sous les Valois », in *Revue Prédelle*, sous la direction de Diane Bodart et Valérie Boudier, 2014.

« Les surtouts de table au XVIIIème siècle : un langage visuel artistique et patriotique », in *La diversité des langages visuels, de l'Antiquité à l'époque moderne*, sous la direction de Mireille Corbier et Gilles Sauron, 139ème CTHS, 2014, édition numérique 2018.

« Gestes culinaires et ustensiles de cuisine dans la peinture des XVIIème et XVIIIème siècles ou le travestissement d'une réalité quotidienne », in *Les cuisines*, sous la direction de François Blary, 138ème CTHS, Rennes, 2013, édition numérique 2016.

« L'iconographie des repas du Christ au XVIIème siècle », in *Représentations et alimentation : Arts et pratiques alimentaires*, sous la direction de Dominique Poulot, 138ème CTHS, Rennes, 2013, édition numérique 2015.

« Manque et excès de convivialité dans les repas royaux de l'Ancien Régime », in revue *Lumières*, n°21, 2013, sous la direction de Cécile Revauger, Rémy Duthille et Jean Mondot.

« Des plaisirs de la chère aux plaisirs de la chair : le dérèglement des sens dans les *Contes* illustrés de La Fontaine », in *Images, textes et concepts*, sous la direction de Jean-René Gaborit, 132ème CTHS, Arles, 2007, édition numérique, 2012.

« La table du Roi dans l'image populaire : les repas de Louis XIV dans les almanachs », in *L'imagerie populaire : sources et modèles*, sous la direction d'Annie Duprat, 132ème CTHS, Arles, 2007, édition numérique, 2010.

« Pour une interprétation littéraire et morale de l'iconographie des repas populaires français des XVIIème et XVIIIème siècles à travers les œuvres de Bourdon et de Greuze », in *Tradition et innovation en Histoire de l'Art*, sous la direction de Jean-René Gaborit, 131ème CTHS, Grenoble, 2006, édition numérique, 2009.

« Nourriture et arts de la table à travers deux romans du XVIIème siècle illustrés au siècle des Lumières : le *Don Quichotte* de Cervantès et le *Roman Comique* de Scarron », in *Food and History*, Brepols Publishers, 2005, volume 3, numéro 1.